# TRES LUCES EN EL CAMINO

## Al Ritmo de la Libertad Financiera

*Una guía para construir libertad financiera y vivir con esperanza, seguridad y sabiduría.*



Dra. María Migdalia La Torre de Torres

# TRES LUCES EN EL CAMINO

## Subtítulo: Al Ritmo de la Libertad Financiera

*Una guía para construir libertad financiera y vivir con esperanza, seguridad y sabiduría.*



Esta obra tiene fines educativos e informativos. Las ideas, reflexiones y recomendaciones contenidas en este libro no constituyen asesoramiento financiero, legal, fiscal ni de inversión personalizado. Cada lector es responsable de evaluar su propia situación y, cuando sea necesario, consultar con profesionales calificados antes de tomar decisiones financieras.

Primera edición: 2026
Editado e impreso en: Orlando, Florida, USA
Edición Kindle (Publicado de manera independiente por la autora)

Para más información sobre la autora, publicaciones y recursos adicionales:

valledecayey@aol.com

# Dedicatoria

A mi esposo, Bernardo, compañero de vida, con quien he recorrido el camino que nos ha permitido construir nuestro futuro con esperanza, seguridad y sabiduría.

A quienes un día emprendieron el camino sin un mapa, pero con el sincero deseo de construir una vida mejor.

A quienes aprendieron que cada paso, por pequeño que parezca, puede cambiar un destino.

A quienes tropezaron, volvieron a levantarse y descubrieron que avanzar no consiste en caminar sin caer, sino en no dejar de caminar.

A mi familia, que ha sido mi puerto seguro y la luz que ha iluminado cada etapa de mi propia travesía.

Y a ti, querido lector.

Porque, desde el momento en que abriste estas páginas, nuestros caminos se encontraron.

Deseo que las tres luces que acompañan este libro —la Esperanza, la Seguridad y la Sabiduría— también iluminen el tuyo y te ayuden a descubrir que la mayor riqueza no siempre es la que guardamos, sino la que construimos mientras caminamos.

# INDICE

# Introducción

A lo largo de los años aprendí que el dinero no es solo una cuestión de números, sino de decisiones, hábitos y valores. En ese camino tuve el privilegio de aprender a administrar mis propias finanzas y, más tarde, de acompañar a muchas personas y parejas a construir una relación más sana y consciente con el dinero.

Vi de cerca sus dudas, sus miedos y también sus logros. Descubrí que, en la mayoría de los casos, el verdadero desafío no era cuánto ganaban, sino cómo se relacionaban con lo que tenían. Comprendí que una buena administración financiera puede fortalecer no solo la economía de un hogar, sino también la tranquilidad, la confianza y los sueños compartidos.

Por eso escribí este libro.

No para decirte lo que debes hacer, sino para caminar contigo.

## Caminar con el dinero

Este no es un libro de fórmulas mágicas ni de promesas de riqueza rápida. Es una invitación a mirar el dinero desde una perspectiva diferente.

El dinero nunca camina solo. Siempre avanza junto a nuestros sueños, nuestros temores, nuestras decisiones y nuestras prioridades. Por eso, más que aprender a administrarlo, necesitamos aprender a relacionarnos con él de una manera consciente y equilibrada.

A lo largo de estas páginas recorreremos un camino iluminado por tres luces que representan distintas etapas de nuestra vida.

La primera es **la Esperanza**, la luz de los comienzos, de los sueños y de las posibilidades. Es la que nos anima a creer que el cambio es posible.

La segunda es **la Seguridad**, la luz que nos invita a construir una base firme, proteger lo que amamos y aprender a sostener lo que hemos construido. Es la luz que, poco a poco, reduce el miedo y nos permite vivir con mayor tranquilidad.

La tercera es **la Sabiduría**, la luz que nos ayuda a comprender que la verdadera riqueza no se mide únicamente por lo que acumulamos, sino también por la paz, la libertad y el propósito con los que vivimos. Porque cuando el miedo deja de ocupar todo el espacio, comienza a surgir una pregunta diferente: **¿para qué quiero construir todo esto?**

No pretendo enseñarte únicamente a manejar mejor tu dinero. Mi deseo es acompañarte para que descubras una manera más serena y consciente de vivir con él.

Quizás, mientras avances por estas páginas, descubras que este viaje nunca trató solamente de finanzas. Trató de la persona en la que te vas convirtiendo mientras aprendes a relacionarte con ella.

Porque la libertad financiera no comienza cuando tienes más. Comienza cuando el dinero deja de dirigir tu vida y se pone al servicio de tus valores.

**La Esperanza nos anima a dar el primer paso.**
**La Seguridad nos enseña a mantener el rumbo.**
**La Sabiduría nos revela por qué emprendimos el viaje.**

Tal vez, cuando llegues a la última página, descubras que nunca estuviste aprendiendo solamente a manejar el dinero.

**Quizás hayas estado aprendiendo a construir una vida.**

# 🧭 El mapa del camino

Todo viaje comienza con un mapa.

Este libro no pretende decirte exactamente qué camino debes seguir. Su propósito es ofrecerte una guía para que puedas recorrer el tuyo con mayor claridad, confianza y propósito.

A lo largo de estas páginas encontrarás tres luces que iluminarán distintas etapas de tu relación con el dinero.

## ✨ Primera Luz · La Esperanza

**Comenzar.**

Descubrirás que la libertad financiera nace de las pequeñas decisiones y de la confianza para dar el primer paso.

## ✨ Segunda Luz · La Seguridad

**Construir.**

Aprenderás a fortalecer tus finanzas, proteger lo que has logrado y convertir la incertidumbre en estabilidad.

## ✨ Tercera Luz · La Sabiduría

**Vivir con propósito.**

Comprenderás que el dinero alcanza su mayor valor cuando se pone al servicio de la vida que deseas construir.

### Tu Brújula para el Camino

Al terminar el recorrido, mirarás hacia atrás para reconocer las huellas que has dejado.

### Cuaderno de Acción

Porque conocer el camino es importante.

**Recorrerlo es lo que transforma la vida.**

## Comencemos a caminar

No importa en qué etapa de la vida te encuentres. Quizás estés dando tus primeros pasos, construyendo un hogar o preguntándote cuál es el verdadero sentido de todo lo que has logrado.

Sea cual sea tu historia, este camino también puede ser el tuyo.

Te invito a leer estas páginas sin prisa, a detenerte cuando una idea resuene contigo y a permitir que cada una de las Tres Luces ilumine tus propias decisiones.

Si al cerrar este libro no solo administras mejor tus recursos, sino también tus prioridades, tus sueños y tu tranquilidad, entonces habrá cumplido su propósito.

**Ahora el camino está frente a ti.**

**Enciende la primera luz.**

**Comencemos a caminar.**

# EL MAPA DEL CAMINO

Tres luces. Un camino. Un destino.

# CAPÍTULO I

## PRIMERA LUZ

## La Esperanza

## Empezar donde estás

***"La libertad financiera comienza cuando decides dar el primer paso."***

Todos creemos que algún día llegará el momento perfecto.

Cuando ganemos un poco más.

Cuando desaparezcan las deudas.

Cuando la vida sea menos complicada.

Esperamos ese día durante meses.

A veces, durante años.

Y mientras esperamos...

la vida sigue pasando.

Quizás tú también has abierto este libro porque deseas aprender a manejar mejor tu dinero, o porque sientes que trabajas mucho y, aun así, no consigues avanzar como imaginabas. Tal vez has intentado ahorrar más de una vez y siempre aparece algo que te obliga a empezar de nuevo.

Sea cual sea tu historia, quiero decirte algo desde esta primera página:

**No llegas tarde.**

Llegas exactamente al lugar desde el que puedes comenzar.

Y, por hoy, ese lugar es suficiente.

Eso no habla de un defecto personal. Habla, simplemente, de la vida. Nadie comienza este camino desde un lugar perfecto. Algunos empiezan con poco dinero. Otros con deudas. Otros con cansancio. Lo importante no es el punto de partida, sino la decisión de dar el primer paso.

Llegas exactamente al lugar desde el que puedes comenzar.

Y, por hoy, ese lugar es suficiente.

Algunos comienzan con poco dinero.

Otros llegan cargando deudas.

Otros arrastran el cansancio de muchos años.

Muchos sienten que ya deberían saber más de lo que saben.

Y casi todos creen que comenzaron demasiado tarde.

Pero nadie empieza este viaje desde un lugar perfecto.

**Eso no es un defecto personal.**
**Es simplemente la vida.**

La libertad financiera, tal como la entenderemos en este libro, no comienza cuando todo está en orden. Comienza cuando, aun en medio del desorden, **decides no quedarte inmóvil**.

Por eso, este primer capítulo no habla de inversiones, ni de grandes decisiones, ni de planes a treinta años. Habla de algo mucho más sencillo y mucho más importante: **empezar donde estás.**

## Cuando el barco no está en condiciones

A veces la vida se parece menos a un viaje planificado y más a un barco en altamar que empieza a entrarle el agua. No elegimos el estado del barco, ni el momento, ni el clima. Simplemente estamos ahí.

En esos momentos, la libertad financiera no consiste en llegar rápido a la orilla ni en tener el mejor equipo. **Consiste en no soltar el remo cuando aparece.**

El remo puede ser una **decisión** pequeña.
Un **hábito** nuevo.
Un **orden** mínimo.
Una **conversación pendiente**.

No parece mucho.
No tiene nada de heroico.

Mientras no sueltes el remo, todavía hay esperanza.

Este libro está pensado para acompañarte en ese gesto repetido y silencioso: **seguir remando**, incluso cuando el avance parece lento.

## La Esperanza no es ingenuidad

La primera luz del camino es la **Esperanza**. No es optimismo ciego ni pensamiento mágico. Es la capacidad de creer que algo puede mejorar, aunque todavía no sepas cómo.

La Esperanza es propia de los comienzos. Puede comenzar desde la juventud, pero también desde cualquier momento en el que decidas volver a empezar.

En esta etapa, la libertad financiera no significa independencia total ni vivir sin preocupaciones. Significa algo más cercano y más alcanzable: **dejar de vivir a ciegas.**

Saber qué entra.

Saber qué sale.

Comprender por qué, a veces, el dinero desaparece sin dejar rastro.

## El primer error que casi todos cometemos

Cuando hablamos de dinero al empezar, solemos cometer un error común: **pensar que necesitamos saberlo todo antes de hacer algo.**

Esperamos:

- ganar más,
- tener estabilidad,
- entender mejor,
- sentirnos listos.

Mientras tanto, **no hacemos nada**.

**Pensemos en Elena como ejemplo.**

Elena tenía cuarenta y seis años.

Era de esas personas que siempre parecían tener un día demasiado corto para todo lo que debían hacer.

Trabajaba con dedicación, cumplía con sus responsabilidades y siempre encontraba la manera de atender a los demás. Sin embargo, cuando se trataba de sus propias finanzas, siempre pensaba que habría un momento mejor para ocuparse de ellas.

Cada comienzo de año se hacía la misma promesa:

*"Este será el año en que empezaré a ahorrar."*

Pero siempre encontraba una razón para esperar.

Primero necesitaba ganar un poco más.

Después debía terminar de pagar unas cuentas.

Más adelante, esperaría a que los hijos crecieran; sería más fácil.

Y si no, el próximo mes sería el momento adecuado.

**Siempre encontraba una razón para esperar.**

Los años fueron pasando y, sin darse cuenta, había convertido la espera en un hábito. Un día comprendió algo muy sencillo.

El cambio no comenzaba cuando aumentaran sus ingresos. Comenzaba cuando cambiara su manera de relacionarse con el dinero.

Necesitaba empezar.

Ese día no hizo una gran inversión. No elaboró un plan financiero complejo. Solo tomó una decisión pequeña: **separar una cantidad antes de gastar el resto.**

La cantidad era modesta. Aun así, aquel pequeño gesto cambió el rumbo de su vida. El verdadero cambio no ocurrió en su cuenta bancaria. Ocurrió en su manera de mirar el dinero.

**Pero la experiencia suele enseñarnos algo distinto.**

La claridad no llega antes de empezar.

**Llega después.**

Nadie aprende a remar leyendo sobre remos.

**Aprende remando.**

Por eso, en esta etapa, no se trata de hacerlo perfecto.

Se trata de hacerlo posible.

**Pequeños gestos, efectos reales.**

Separa una pequeña parte de lo que entra.

Mira tus gastos sin juzgarte.

Repite ese pequeño gesto, mes tras mes.

A primera vista, nada de eso parece libertad financiera.

**Sin embargo, ahí comienza.**

Porque cada vez que decides conscientemente antes de gastar, recuperas un poco de control. Cada vez que observas tus números sin miedo, disminuye la ansiedad. Cada vez que repites un buen hábito, el remo pesa un poco menos.

La esperanza no nace de los grandes cambios. Nace cada vez que decides no rendirte. **Necesita continuidad.**

La constancia rara vez hace ruido. **Pero suele ser la fuerza que cambia una vida.** No se trata de llegar primero.

Este libro no promete que llegarás antes que los demás. Tampoco promete un camino fácil. Ni un viaje sin cansancio. Te propone algo mucho más honesto.

**Mientras sigas remando, el camino continúa.**

Habrá días en los que avanzarás con fuerza. Habrá otros en los que el mayor logro será no retroceder. Habrá momentos para acelerar y momentos para descansar. Todo eso forma parte del viaje. Todo eso también es progreso. Porque avanzar no siempre significa ir más deprisa. A veces significa no detenerse.

La libertad financiera no aparece de un día para otro. No es un golpe de suerte. No es un salto. **Es una relación que se construye con pequeñas decisiones repetidas a lo largo del tiempo.**

Todo comienza aquí.
No cuando todo está resuelto.
No cuando ganas más.
No cuando desaparecen los problemas.
**Comienza el día en que decides no soltar el remo.**

**Porque quien no suelta el remo termina descubriendo algo inesperado: la otra orilla siempre pertenece a quienes siguen avanzando.**

## Una pausa en el camino

Nadie necesita esperar el momento perfecto para empezar. El cambio comienza el día en que decides dar el primer paso, por pequeño que parezca. La Esperanza no hace desaparecer las dificultades. Te recuerda que siempre existe un siguiente paso.

## Lleva esta luz contigo

Las grandes transformaciones no ocurren de un día para otro. Se construyen con pequeñas decisiones repetidas con constancia.

No intentes hacerlo todo de una vez. Elige una o dos acciones y comienza hoy.

**Recuerda:**

**Cada gran viaje comienza con una decisión pequeña.**

## 👣 Da el siguiente paso

Durante los **próximos siete días**:

☐ Anota todo el dinero que entra y todo el que sale.

☐ Identifica un gasto que podrías reducir sin afectar tu bienestar.

☐ Separa una pequeña cantidad antes de gastar el resto, aunque parezca insignificante.

☐ Antes de realizar un gasto no planificado, detente unos segundos y pregúntate:

**¿Esta decisión me acerca o me aleja de la vida que quiero construir?**

## ❓ Una pregunta para el camino

Si hoy decidieras empezar, sin esperar a que todo fuera perfecto, ¿cuál sería el primer paso que darías?

**Escríbelo.**

A veces, un solo paso es suficiente para cambiar el rumbo del camino.

## Tu próximo remo

Durante los próximos siete días, tomaré una decisión consciente antes de realizar cada gasto no planificado.

Firma: ______________________________

Fecha: ______________________________

*Tal vez no sabes exactamente a dónde vas,*

*pero ya estás en camino.*

# CAPÍTULO II

## La fuerza de la constancia

***"Los grandes cambios rara vez nacen de un solo esfuerzo; suelen ser el resultado de muchas pequeñas decisiones sostenidas en el tiempo."***

**Ningún camino se recorre con un solo paso.**

Empezar fue importante.

Permanecer en el camino lo es todavía más.

Muchas personas deciden cambiar su vida financiera con ilusión. Durante unos días sienten que, por fin, todo va a ser diferente. Sin embargo, al cabo de unas semanas, el entusiasmo disminuye. Aparecen los imprevistos. La rutina vuelve.

No sucede porque les falte capacidad.

Sucede porque todo comienzo necesita algo que lo sostenga.

**Eso es precisamente lo que hacen los hábitos.**

**La Esperanza nos animó a empezar. Los hábitos nos ayudan a continuar. Entre ambos construyen el puente que nos acerca a la libertad financiera.**

**Ningún camino se recorre con un solo paso.**

Empezar fue importante.

Permanecer en el camino lo es todavía más.

Muchas personas deciden cambiar su vida financiera con ilusión. Durante unos días sienten que, por fin, todo va a ser diferente. Sin embargo, al cabo de unas semanas, el entusiasmo disminuye. Aparecen los imprevistos. La rutina vuelve.

No sucede porque les falte capacidad.

Sucede porque todo comienzo necesita algo que lo sostenga.

**Eso es precisamente lo que hacen los hábitos.**

**La Esperanza nos animó a empezar. Los hábitos nos ayudan a continuar. Entre ambos construyen el puente que nos acerca a la libertad financiera.**

Muchas personas comienzan este camino con entusiasmo. Leen libros. Escuchan conferencias. Descargan aplicaciones para controlar sus gastos. Durante unos días sienten que, esta vez, todo será diferente.

Pero, poco a poco, regresan la rutina, los imprevistos y el cansancio. Con ellos vuelven también las viejas costumbres.

No porque les falte capacidad.

Sino porque todavía no han encontrado un ritmo que puedan sostener.

## El problema no es la falta de ganas

Cuando alguien dice:

*"No puedo ahorrar."*

*"Siempre abandono lo que empiezo."*

*"No tengo disciplina."*

Casi nunca está describiendo la realidad.

Está expresando la frustración de haber esperado demasiado de sí mismo en muy poco tiempo.

Queremos que todo cambie de inmediato. Pero las finanzas personales no funcionan así. Se parecen mucho más a aprender a remar. No importa cuánta fuerza pongas en la primera remada si después no puedes mantener el movimiento.

**No importa la intensidad del comienzo.**

**Importa el ritmo.**

**Porque un ritmo constante siempre te llevará más lejos que un esfuerzo extraordinario que solo dura unos días.**

## La historia de Edgard

Edgard tenía treinta y dos años cuando decidió organizar sus finanzas.

Era de esas personas que empezaban los cambios con entusiasmo. Había leído varios libros, visto videos y descargado aplicaciones para controlar sus gastos. Esta vez estaba convencido de que sería diferente.

Durante las primeras semanas todo parecía funcionar.

Registraba cada compra.

Preparaba un presupuesto.

Incluso conseguía ahorrar una pequeña cantidad cada mes.

Pero, tarde o temprano, siempre ocurría algo.

Un gasto inesperado.

Una celebración familiar.

Un viaje.

Un mes especialmente complicado en el trabajo.

Poco a poco dejaba de registrar sus gastos. Abandonaba el presupuesto. Gastaba parte de sus ahorros.

Entonces aparecía un pensamiento que conocía demasiado bien:

*"No tengo disciplina."*

Cada vez que eso ocurría, esperaba unas semanas y volvía a empezar desde cero.

**Hasta que un día comprendió algo que cambió por completo su manera de relacionarse con el dinero.**

Durante mucho tiempo creyó que cada error borraba todo el esfuerzo anterior.

Después descubrió que el camino nunca desaparece.

Aunque un día dejemos de caminar, sigue ahí, esperando que demos el siguiente paso.

**Cuando dejó de buscar la perfección y comenzó a valorar la constancia, todo empezó a cambiar.**

No porque ganara más dinero.

No porque encontrara una estrategia secreta.

Sino porque dejó de castigarse por cada error.

Comprendió entonces que nunca había sido el dinero lo que lo detenía.

Ni siquiera la falta de voluntad.

Lo que realmente lo frenaba era creer que un tropiezo significaba el final del camino.

A partir de ese momento aprendió algo mucho más importante:

**Volver a empezar cada vez que era necesario.**

Empezar sin culpa.

Sin vergüenza.

Sin pensar que todo el esfuerzo anterior había sido inútil.

Fue entonces cuando comprendió que la disciplina no consiste en no fallar nunca.

## Los hábitos que sostienen la Esperanza

Cuando Edgard dejó de buscar la perfección, descubrió algo que nadie le había enseñado.

**Los hábitos no existen para controlar nuestra vida.**
**Existen para sostenerla.** Son el apoyo silencioso que nos permite seguir avanzando cuando la motivación desaparece.

Muchas personas escuchan la palabra *hábito* y piensan en reglas rígidas, horarios inflexibles o una lista interminable de obligaciones.

Pero un hábito saludable es todo lo contrario.

No es una cárcel.

Es un apoyo.

Es una decisión que deja de depender del estado de ánimo para convertirse en parte de nuestra manera de vivir.

Y eso, cuando hablamos de dinero, cambia muchas cosas.

**Reduce el desgaste, disminuye las compras impulsivas y te permite dedicar tu energía a lo que realmente importa.**

Ya no necesitas preguntarte cada día si vale la pena ahorrar.

Simplemente lo haces.

No porque sea fácil.

Sino porque has comprendido el valor que tiene para tu futuro.

## El primer hábito: separar antes de gastar

Uno de los cambios más sencillos y, al mismo tiempo, más transformadores consiste en **cambiar el orden de nuestras decisiones**.

La mayoría de las personas ahorra lo que queda al final del mes.

**Si es que queda algo.**

Quienes desarrollan el hábito de ahorrar hacen exactamente lo contrario.

Primero separan una pequeña parte para su futuro.

Después organizan el resto de sus gastos.

La diferencia parece mínima.

**Pero puede cambiar una vida.**

Cada vez que separas una cantidad antes de gastar, te envías un mensaje silencioso:

**"Mi bienestar de mañana también merece un lugar en las decisiones que tomo hoy."**

No importa si al principio son diez dólares, veinte euros o una cantidad que parece insignificante.

**Lo importante no es cuánto separas. Lo importante es el hábito que estás construyendo.** Porque los grandes patrimonios rara vez nacen de una única gran decisión. Casi siempre son el resultado de muchas pequeñas decisiones sostenidas en el tiempo.

## El segundo hábito: observar sin juzgar

Otro error muy frecuente consiste en utilizar los números para castigarnos.

Abrimos la aplicación del banco.

Miramos nuestros gastos.

Y enseguida aparecen pensamientos como:

*"¿Cómo pude gastar tanto?"*

*"Siempre hago lo mismo."*

*"Nunca voy a aprender."*

Pero los números no están para juzgarte.

Están para ayudarte a comprender.

En esta etapa no necesitas cambiarlo todo.

Necesitas empezar por observar.

Pregúntate:

- ¿En qué gasto con mayor facilidad?
- ¿Cuándo suelo comprar por impulso?
- ¿Qué situaciones me hacen perder el control de mis finanzas?

Responder estas preguntas no es un ejercicio de culpa.

Es un acto de autoconocimiento.

Porque solo podemos transformar aquello que primero nos atrevemos a comprender.

**Mirar tus números con honestidad no te hace más pobre. Te hace más consciente. La conciencia es el primer paso hacia cualquier cambio duradero.**

## El tercer hábito: volver a empezar

Quizás este sea el hábito más importante de todos. Habrá meses en los que no podrás ahorrar. Habrá semanas en las que gastarás más de lo previsto. Habrá decisiones de las que, más tarde, te arrepentirás.

**Eso no significa que hayas fracasado.**

Significa, simplemente, que eres humano.

Durante mucho tiempo nos hicieron creer que las personas disciplinadas nunca fallan. La realidad es muy distinta. Las personas disciplinadas también se equivocan. La diferencia es que no convierten un tropiezo en una renuncia.

**Simplemente vuelven al camino.**

Cada vez que decides empezar de nuevo, fortaleces algo mucho más importante que tus finanzas.

**Fortaleces la confianza en ti mismo.**

Descubres que un error no define tu futuro.

Comprendes que la constancia no consiste en caminar sin detenerse.

**Consiste en no dejar de caminar.**

Porque cada vez que vuelves a empezar, demuestras que un tropiezo no tiene la última palabra.

Y cuando aprendes a regresar al camino una y otra vez, descubres que la verdadera disciplina no consiste en no caer.

**Consiste en levantarte cada vez que decides seguir adelante.**

# El progreso que nadie ve

Vivimos en una sociedad que celebra los grandes resultados. Por ejemplo:

Un aumento de salario.

Una casa nueva.

Una inversión que dio buenos rendimientos.

Pero casi nunca vemos lo que ocurrió antes de llegar allí.

Los pequeños hábitos.

Las decisiones silenciosas.

Los días en que alguien eligió ahorrar en lugar de gastar.

Las veces que volvió a empezar después de equivocarse.

**Ese es el progreso que realmente transforma una vida.**

**El que ocurre cuando nadie está mirando.**

Porque antes de cambiar una cuenta bancaria, cambian nuestros hábitos.mY antes de que cambien nuestros hábitos, cambia nuestra manera de pensar.

La Esperanza nos invitó a dar el primer paso. Ahora esos pequeños pasos empiezan a encontrar un ritmo.

Cuando el camino encuentra ese ritmo, deja de depender del entusiasmo y comienza a sostenerse en algo mucho más fuerte:

**los hábitos.**

**Porque la constancia no consiste en caminar sin detenerse.**

**Consiste en no dejar de caminar.**

**Paso a paso, el camino deja de ser un esfuerzo y comienza a convertirse en parte de ti.**

## Una pausa en el camino

Todos comenzamos este camino con ilusión. Creemos que, a partir de ahora, todo será diferente. Durante un tiempo lo es. Pero llega un día en que la motivación disminuye.

La rutina vuelve.
Surgen gastos inesperados.
Nos equivocamos.

Es precisamente en ese momento cuando muchas personas piensan que han fracasado.

No es cierto.

No fracasaste.

Solo descubriste que la Esperanza necesita algo que la sostenga.

Necesita hábitos.

No hábitos perfectos.

Hábitos posibles.

Pequeñas decisiones que puedas repetir incluso en los días en que no tengas ganas. Porque la libertad financiera no se construye con esfuerzos extraordinarios realizados de vez en cuando. Se construye con acciones sencillas repetidas con constancia.

Cada vez que vuelves a intentarlo.

Cada vez que decides no abandonar.

Cada vez que separas una pequeña cantidad para tu futuro.

Cada vez que observas tus gastos sin juzgarte estás fortaleciendo algo mucho más importante que tu cuenta bancaria. Estás fortaleciendo la confianza en ti mismo. Y cuando la confianza crece, la esperanza deja de ser solo un deseo.

Empieza a convertirse en una forma de vivir.

## Lleva esta luz contigo

Los hábitos no cambian tu vida en un solo día. Si, la cambian porque te acompañan cada día.

Esta semana elige una o dos acciones y practícalas con paciencia.

No busques hacerlo perfecto.

Busca hacerlo posible.

**Recuerda:**

**La constancia no consiste en caminar sin detenerse. Consiste en no dejar de caminar.**

## Da el siguiente paso

**Durante los próximos siete días:**

☐ Separa una pequeña cantidad antes de realizar cualquier otro gasto.

☐ Registra tus ingresos y gastos sin juzgarte.

☐ Identifica cuál es el hábito financiero que más te cuesta mantener y escribe por qué.

☐ Si un día no cumples tu plan, vuelve a empezar al día siguiente sin sentir culpa.

Recuerda que cada pequeño paso fortalece el siguiente.

## ❓ Una pregunta para el camino

**¿Qué pequeño hábito podrías comenzar hoy que, con el tiempo, transformaría tu relación con el dinero?**

**Escríbelo.**

**Porque toda transformación comienza con una pequeña decisión que eliges repetir cada día.**

## 🚣 Tu próximo remo

Durante los próximos siete días cultivaré el siguiente hábito financiero:

¿Qué pequeño hábito podrías comenzar hoy que, con el tiempo, transformaría tu relación con el dinero?

Fecha: ______________________

Firma: ______________________

*La constancia no consiste en caminar sin detenerse.*

*Consiste en no dejar de caminar.*

# CAPÍTULO III

## Cuando aprender a decir "no" es también avanzar

***"Llega un momento en todo camino en el que avanzar deja de depender del entusiasmo y empieza a depender de las decisiones que somos capaces de tomar."***

Hay un momento en el camino en que algo cambia.

**No ocurre de golpe ni siempre se anuncia con claridad.** Simplemente, un día descubres que remar ya no tiene la misma ligereza del comienzo. El movimiento sigue siendo el mismo, pero el cuerpo empieza a sentir el peso del agua, el cansancio acumulado y la necesidad de administrar mejor las fuerzas.

Ese momento no es un fracaso. Es una señal de que has avanzado lo suficiente para que el camino empiece a pedir algo más de ti.

**La Esperanza sigue ahí, pero ya no puede hacerlo todo sola.**

## Cuando aparecen los primeros pesos reales

Los primeros pesos no siempre llegan en forma de grandes crisis.

A veces aparecen disfrazados de normalidad:

- un alquiler que ya no se puede evitar,
- un compromiso que deja de ser temporal y se vuelve estable,

- una deuda pequeña que deja de ser anecdótica,
- una responsabilidad que ya no puede posponerse.

No es nada extraordinario.

**Pero sí es suficiente para que el camino ya no se sienta igual.**

Aquí muchas personas se frustran. Sienten que algo salió mal. Que la ligereza del inicio se perdió.

En realidad, lo que ocurrió es mucho más simple y honesto:

**el camino empezó a pedir estructura.**

**La Esperanza no desaparece, pero deja de ser suficiente.**

## El error habitual: seguir remando como si nada hubiera cambiado

Cuando aparecen los primeros pesos, solemos reaccionar de dos maneras equivocadas.

La primera es negar el peso.

Seguir gastando igual.

Seguir decidiendo igual.

Confiar en que todo se acomodará por sí solo.

Ese camino suele conducir al agotamiento.

La segunda es endurecerse de golpe.

Pasar del desorden a la rigidez.

De la improvisación al control extremo.

Ese camino suele durar poco y termina en abandono.

**Ninguna de las dos respuestas funciona.**

Aquí la Esperanza necesita aprender algo nuevo:

**poner límites no es renunciar. Es cuidarse.**

## El caso de Sofía: aprender a decir "todavía no"

Sofía estaba contenta.

Había conseguido un mejor empleo y, por primera vez en muchos años, sentía que el esfuerzo comenzaba a dar frutos. Su sueldo era mayor y la esperanza de construir una vida más tranquila parecía estar al alcance de la mano.

Sin embargo, casi al mismo tiempo empezaron a aparecer nuevas responsabilidades. El alquiler aumentó. El automóvil necesitó reparaciones inesperadas. Su hija comenzó un nuevo año escolar con gastos que no había previsto.

Un sábado, mientras caminaba por un centro comercial, vio un juego de sala moderno que siempre había deseado.

El vendedor le sonrió.

—No tiene que pagarlo hoy. Puede llevárselo ahora y empezar a pagar dentro de tres meses.

Por un momento sintió la tentación.

Después de todo, trabajaba duro y pensó que se lo merecía. Entonces recordó el puerto al que quería llegar.

Comprendió que cada decisión era un remo capaz de acercarla o alejarla de ese puerto.

Respiró hondo y respondió:

**—No es que no lo quiera. Es que todavía no es el momento.**

Salió de la tienda sin el juego de sala, pero con algo mucho más valioso:
**la tranquilidad de haber tomado una decisión consciente.**

Aquella noche comprendió una verdad que nunca olvidaría.

**Los límites no le estaban quitando libertad. La estaban protegiendo.**

Meses después, cuando terminó de pagar una deuda importante y fortaleció su fondo de emergencia, volvió a la misma tienda.

Esta vez compró el juego de sala sin angustia y sin comprometer su estabilidad. Mientras el vendedor preparaba la factura, Sofía sonrió.

**No era el mismo mueble el que la hacía feliz.**

**Era la persona en la que se había convertido.**

Había descubierto que la diferencia entre un impulso y una buena decisión no es el dinero.

**Es la capacidad de esperar.**

## Cuando los límites se convierten en libertad

Aprender a poner límites no significa vivir con menos.

**Significa vivir con mayor intención.**

Cada decisión responsable fortalece el camino recorrido. Cada gasto evitado cuando no era necesario protege los sueños que realmente importan.

Poco a poco, la Esperanza deja de ser solo una emoción y comienza a convertirse en una manera de vivir.

En esta etapa ya no basta con desear un futuro mejor. También es necesario aprender a elegir.

**Sí, hay que elegir qué comprar.**

**Qué esperar.**

**Qué dejar pasar.**

**Y comprender que cada elección también construye el futuro.**

Porque cada **"no"** dicho a tiempo abre espacio para un **"sí"** más importante mañana.

Así, casi sin darse cuenta, el navegante descubre que el verdadero progreso no consiste en remar más fuerte, sino en remar con sabiduría.

**Comprende que, muchas veces, la mayor libertad nace de las decisiones que eligió posponer.**

Esa sabiduría será la compañera indispensable para el siguiente tramo del viaje.

## Aprender a remar con carga

Remar con carga es distinto. El ritmo cambia. Las pausas importan más. Pero remar con carga también tiene algo que enseñar.

**Descubres de qué eres capaz cuando el camino deja de ser ligero.**

La Esperanza no desaparece cuando aparecen los límites.

**Se vuelve más real.**

Porque ya no depende solo del ánimo, sino de decisiones conscientes.

Has llegado a un punto importante del viaje. Has pasado de la ligereza al cuidado.

**No has perdido el rumbo. Has ganado conciencia.**

Más adelante, cuando el peso sea mayor y las decisiones ya no afecten solo a tu cansancio, sino también a tu tranquilidad, aparecerá otra luz.

Pero ninguna nueva luz puede sostenerse sin la anterior.

**La Seguridad comenzará a construirse sobre las decisiones conscientes que hoy aprendes a tomar.**

Por ahora, basta con esto:

- reconocer el peso,
- poner límites honestos,
- seguir remando sin forzarte,
- y confiar en que cada decisión consciente también es una forma de avanzar.

Porque la fuerza no siempre consiste en remar más. Muchas veces consiste en saber qué peso llevar y cuál dejar atrás.

**Porque mientras la Esperanza siga guiando tus decisiones, nunca dejarás de avanzar.**

## Una pausa en el camino

Hay momentos en la vida en los que sentimos que el camino pesa más que antes. No porque hayamos elegido mal, sino porque hemos avanzado lo suficiente para que aparezcan nuevas responsabilidades.

Es fácil pensar que la libertad consiste en poder decir siempre que sí. Sin embargo, la experiencia nos enseña algo diferente. Muchas veces la verdadera libertad nace cuando somos capaces de decir: **"Todavía no."**

Poner límites no significa renunciar a nuestros sueños. Significa protegerlos para que puedan cumplirse en el momento adecuado.

Cada decisión consciente fortalece algo que no siempre aparece en una cuenta bancaria: **la confianza en nosotros mismos.**

Con el tiempo descubrirás que las mejores decisiones financieras rara vez producen entusiasmo inmediato.

**Lo que dejan es paz y esa paz vale mucho más que la satisfacción de un impulso pasajero.**

## Lleva esta luz contigo

Cada límite que eliges hoy protege la libertad que disfrutarás mañana.

Porque esperar también puede ser una forma de avanzar.

**Recuerda: el futuro no cambia en un solo gran momento. Cambia en cada pequeña decisión que eliges repetir.**

## 👣 Da el siguiente paso

La disciplina no siempre hace ruido. A menudo se parece a una decisión silenciosa que nadie celebra, pero que, con el tiempo, termina construyendo una vida que muchos admirarán.

**Durante <u>los próximos siete días</u>:**

☐ Antes de realizar una compra importante, pregúntate si realmente es el momento adecuado.

☐ Identifica un gasto que puedas posponer sin afectar tu bienestar.

☐ Cuando sientas el impulso de comprar, espera veinticuatro horas antes de tomar una decisión.

☐ Antes de decir "sí" a un gasto no planificado, pregúntate si esa decisión protege la vida que deseas construir.

**Recuerda: cada límite que eliges con intención protege la libertad que estás construyendo.**

## ? Una pregunta para el camino

¿Qué "todavía no" podría acercarte hoy a la vida que realmente deseas construir?

**Escríbelo.**

Porque aprender a esperar también es una forma de avanzar.

## Tu próximo remo

**Durante los próximos siete días elegiré proteger mis prioridades antes que satisfacer un impulso.**

Comprendo que esperar no significa renunciar.

**Significa cuidar el futuro que deseo construir.**

**Fecha:** ______________________

**Firma:** ______________________

*Poner límites no detiene el camino.*

*Evita que te rompas en él.*

# CAPÍTULO IV

## SEGUNDA LUZ

## La Seguridad

## Aprender a sostener

***"La verdadera seguridad no consiste en vivir sin problemas. Consiste en construir una vida capaz de sostenerlos sin perder el rumbo."***

Hasta ahora has aprendido a comenzar, a mantener el rumbo y a poner límites con intención.

La Esperanza te enseñó que siempre es posible dar el primer paso.

Después descubriste que ese primer paso solo adquiere sentido cuando se convierte en un hábito.

Más tarde comprendiste que decir **"todavía no"** también puede ser una forma de cuidar el futuro que deseas construir.

**Pero llega un momento en que el camino vuelve a cambiar.**

Las decisiones ya no afectan únicamente al presente.

Comienzan a sostener una vida más amplia.

Aparecen nuevas responsabilidades, compromisos que permanecen en el tiempo y personas que, de una u otra forma, también dependen de nuestras decisiones.

**Es entonces cuando la libertad financiera deja de consistir únicamente en avanzar. Empieza a consistir en aprender a sostener.**

Porque crecer no es solo llegar más lejos.

**También es ser capaz de cuidar aquello que tanto esfuerzo nos ha costado construir.**

## Cuando el camino pide estructura

Hay un momento en que el peso deja de ser ocasional.

Ya no aparece solo algunos meses ni desaparece con un esfuerzo puntual.

**Se instala.**

**Se vuelve parte del paisaje.** Y entonces el camino exige algo diferente.

**Ya no basta con reaccionar.**

**Es momento de aprender a sostener.**

## La fuerza de sostener

Sostener no es avanzar más rápido.

**Es evitar retroceder.**

En este punto, muchas personas sienten una presión nueva.

No siempre saben ponerle nombre, pero se parece a una sensación muy concreta:

**ya no es posible improvisarlo todo sin consecuencias.**

No es miedo todavía.
**Es responsabilidad.**
**Es tranquilidad.**

## El caso de Andrés: cuando el orden trae tranquilidad

Andrés había pasado muchos años convencido de que sus dificultades financieras se resolverían cuando lograra ganar más dinero.

Trabajaba con esfuerzo, cumplía con sus responsabilidades y nunca dejaba de buscar nuevas oportunidades.

Sin embargo, cada vez que recibía un ingreso adicional, también aparecían nuevos gastos.

Vivía reaccionando a las urgencias.

Las cuentas se pagaban cuando vencían.

Las decisiones importantes se tomaban bajo presión.

Y cualquier imprevisto alteraba el equilibrio de toda la familia.

**No era falta de compromiso.**

**Era falta de estructura.**

Un día decidió detenerse y observar sus finanzas con mayor serenidad.

Comprendió que el problema no era únicamente cuánto ganaba, sino la forma en que organizaba lo que tenía.

Poco a poco comenzó a ordenar sus pagos.

Creó un pequeño fondo para imprevistos.

Dejó de tomar decisiones importantes bajo la presión del último momento.

Aprendió a anticiparse, a planificar y a reservar un espacio para aquello que antes siempre lo sorprendía. Los cambios no ocurrieron de un día para otro.

Durante un tiempo todo parecía avanzar con la misma lentitud de siempre. Sin embargo, algo empezó a transformarse de manera casi imperceptible.

Las preocupaciones dejaron de ocupar cada conversación. Las noches se hicieron más tranquilas. Y las decisiones comenzaron a tomarse con mayor claridad.

Entonces comprendió que la seguridad financiera no comienza cuando ganamos más dinero.

**Comienza cuando dejamos de improvisar y aprendemos a sostener, con orden y serenidad, lo que tanto esfuerzo nos ha costado construir.**

## Cuando el dinero deja de ser solo tuyo

Llega un momento en la vida en que el dinero deja de ser solo una herramienta para cubrir nuestras propias necesidades.

**Se convierte, poco a poco, en una forma de cuidar, proteger y dar estabilidad a quienes forman parte de nuestra vida.**

Sucede cuando compartimos la vida con una pareja.

Cuando nacen los hijos.

Cuando ayudamos a nuestros padres.

O cuando asumimos la responsabilidad de cuidar de alguien que depende, en parte, de nuestras decisiones.

En ese instante, cada decisión financiera adquiere un significado diferente.

Ahorrar ya no es solo pensar en el mañana.

**Es ofrecer tranquilidad a quienes caminan a nuestro lado.**

Contratar un seguro, crear un fondo de emergencia o planificar el futuro dejan de ser únicamente actos de precaución personal.

**Se convierten en una forma de cuidar a los demás.**

**La seguridad financiera también es una expresión de amor.**

No porque el dinero pueda resolver todos los problemas, sino porque reduce muchas de las preocupaciones que pueden aparecer cuando llegan los momentos difíciles.

Quien construye una base sólida no solo protege su propio futuro. También ofrece estabilidad, confianza y serenidad a quienes forman parte de su vida.

La verdadera riqueza no consiste únicamente en tener más, sino en saber que las personas que amamos estarán mejor preparadas para afrontar el mañana.

Cuidar de quienes amamos no significa evitarles todas las dificultades. Significa hacer todo lo posible para que nuestra falta de previsión nunca se convierta en una carga para ellos.

La seguridad financiera no se mide únicamente por el patrimonio que acumulamos, sino por la tranquilidad que somos capaces de ofrecer a quienes confían en nosotros.

**Porque cuando el dinero deja de ser solo tuyo, administrar bien deja de ser una habilidad.**

**Se convierte en un acto de responsabilidad y, en muchas ocasiones, en una de las formas más silenciosas de demostrar amor.**

## El error de esta etapa: vivir tensos

La estructura no limita tu libertad.

**La protege.**

No es una jaula.

**Es el suelo firme sobre el que puedes construir con confianza.**

# Ordenar para vivir con más calma

Cuando el orden aparece, sucede algo silencioso, pero profundamente transformador.

**No cambia la vida de un día para otro.**

**Cambia la forma de vivir cada día.**

# El cambio silencioso

Hay cambios que llegan haciendo ruido.

Se anuncian con grandes decisiones, nuevos comienzos o acontecimientos que transforman la vida de un día para otro.

**Pero los cambios más importantes rara vez se presentan así.**

Llegan en silencio.

Empiezan el día en que dejamos de reaccionar ante cada imprevisto. Se fortalecen cuando organizamos nuestros gastos antes de que aparezcan las urgencias. Crecen cada vez que reservamos una pequeña parte de nuestros ingresos pensando en el futuro, aunque nadie lo vea.

Al principio parece que no sucede nada extraordinario.

La vida continúa con su ritmo habitual.

Seguimos trabajando, cumpliendo nuestras responsabilidades y enfrentando los desafíos de siempre.

**Sin embargo, poco a poco, todo empieza a cambiar.**

Las decisiones dejan de estar dominadas por la prisa.

Los imprevistos dejan de convertirse en crisis.

La incertidumbre pierde fuerza porque sabemos que existe una estructura capaz de sostener lo que hemos construido.

Entonces aparece una sensación nueva.

No es euforia.

No es exceso de confianza.

**Es tranquilidad.**

La tranquilidad de saber que cada pequeño hábito ha ido construyendo un lugar más firme desde el cual vivir.

**Ese es el cambio silencioso.**

No ocurre de un día para otro.

Se construye con decisiones pequeñas, repetidas una y otra vez, hasta que un día descubrimos que ya no vivimos pendientes del próximo problema, sino preparados para afrontarlo con serenidad.

Porque la verdadera seguridad financiera no transforma únicamente nuestras cuentas.

**Transforma nuestra manera de afrontar la vida. Y esa es una de las mayores libertades que el dinero, bien administrado, puede llegar a ofrecer.**

## Remar cuando el mar no está en calma

Hay etapas en las que avanzar resulta sencillo. Todo parece fluir y las decisiones se toman con confianza. Pero la verdadera seguridad no se pone a prueba cuando el camino es fácil, se revela cuando aparecen los imprevistos.

Las dificultades seguirán formando parte de la vida. Habrá gastos inesperados, cambios de rumbo y momentos de incertidumbre. La diferencia es que ahora ya no dependes únicamente de la improvisación. Has construido una base que te permite responder con serenidad, incluso cuando el mar se agita.

Remar cuando el mar está en calma no requiere demasiado esfuerzo. Remar cuando las olas se levantan exige preparación, constancia y confianza en el rumbo elegido.

Esa es la verdadera seguridad: **no la ausencia de tormentas, sino la capacidad de atravesarlas sin perder el equilibrio.**

# Una vida capaz de sostenerse

**La verdadera seguridad no consiste en vivir sin problemas. Consiste en construir una vida capaz de sostenerlos sin perder el rumbo.**

Sostener es una forma de avanzar.

No siempre se nota. No tiene la emoción de un gran comienzo ni la satisfacción inmediata de una meta alcanzada. Sin embargo, es precisamente en esta etapa donde se construyen los cimientos de una vida financiera estable.

La seguridad no nace de controlar cada detalle. Nace de crear hábitos, establecer un orden y preparar el camino para que las dificultades no destruyan lo que tanto esfuerzo ha costado construir.

Cuando el orden reemplaza a la improvisación, la tranquilidad comienza a ocupar el lugar de la incertidumbre.

Entonces descubres que la verdadera seguridad no consiste en vivir sin problemas. Consiste en saber que, cuando aparezcan, ya no te encontrarán desprevenido.

**Porque la seguridad no elimina las tormentas.**

**Te prepara para atravesarlas con serenidad sin perder el rumbo.**

## Una pausa en el camino

La verdadera Seguridad no evita las tormentas.

Te prepara para atravesarlas con serenidad.

## Lleva esta luz contigo

El orden no limita tu libertad.

La protege.

## Da el siguiente paso

**Durante esta semana** elige una acción que fortalezca la seguridad de tus finanzas.

- Revisa tus gastos fijos y elimina uno que ya no aporte valor.
- Crea o fortalece tu fondo de emergencia, aunque sea con una pequeña cantidad.
- Organiza las fechas de pago de tus compromisos para evitar retrasos.
- Revisa si cuentas con la protección adecuada para ti y tu familia.
- Reserva un momento para planificar los gastos del próximo mes.

No necesitas hacerlo todo a la vez. Basta con dar un paso que haga tu camino un poco más firme que ayer.

## ? Una pregunta para el camino

¿Qué aspecto de tus finanzas necesita hoy más orden para darte mayor tranquilidad mañana?

## Tu próximo remo

**Durante** **los próximos siete días** elegiré una acción que aporte más orden y tranquilidad a mis finanzas.

Comprendo que la Seguridad no consiste en controlar el futuro.

Consiste en prepararme para vivirlo con serenidad.

**Fecha:** ______________________

**Firma:** ______________________

*La verdadera seguridad comienza cuando el miedo deja de decidir por ti.*

# CAPÍTULO V

## Hacer crecer lo que has construido

***"Invertir no es perseguir la riqueza con prisa; es permitir que el tiempo siga recompensando el esfuerzo que ya has realizado."***

## Cuando el camino mira más lejos

Hasta ahora, cada paso que has dado tenía un propósito muy claro.

Primero aprendiste que siempre es posible comenzar.

Después descubriste que avanzar no depende de la velocidad, sino de la constancia.

Más tarde comprendiste que muchas de las decisiones que construyen el futuro nacen de saber esperar.

Finalmente aprendiste a sostener lo que tanto esfuerzo **te** ha costado construir, dejando atrás la improvisación para dar paso al orden y a la tranquilidad.

Pero el camino vuelve a cambiar.

Porque llega un momento en que proteger deja de ser suficiente.

Cuando has construido una base firme, aparece una pregunta que hasta entonces apenas tenía sentido.

**¿Cómo puedo hacer que el esfuerzo de hoy siga construyendo mi futuro?**

Es una pregunta distinta.

Ya no nace de la urgencia.

Tampoco del miedo.

**Nace de la posibilidad.**

Por primera vez descubres que el dinero puede hacer algo más que resolver necesidades.

**Puede ayudarte a construir el mañana.**

No porque tenga un poder especial.

Sino porque el tiempo, unido a las buenas decisiones, es capaz de multiplicar silenciosamente aquello que hoy apenas parece una pequeña semilla.

La Seguridad te permitió proteger lo que habías construido. Ahora el camino te invita a hacerlo crecer. Porque existe una diferencia importante entre conservar y avanzar.

Conservar evita que retrocedas.

Crecer permite que el mañana sea más amplio que el presente.
Y ese crecimiento rara vez ocurre de golpe.

Casi siempre comienza con una decisión sencilla: dejar de pensar únicamente en el próximo mes para empezar a pensar también en los próximos años.

## Cuando el tiempo empieza a trabajar contigo

Durante gran parte de nuestra vida aprendemos una idea que parece incuestionable: para obtener más dinero debemos trabajar más.

Dedicamos horas, esfuerzo y talento a nuestro trabajo. Cambiamos tiempo por un salario y, gracias a él, construimos nuestra vida.

Es una realidad que todos conocemos.

Pero llega un momento en el camino en que descubrimos algo que cambia nuestra forma de mirar el futuro. Comprendemos que no todo el crecimiento depende de trabajar más horas.

Existe otro aliado, silencioso y constante, capaz de hacer crecer el fruto de nuestro esfuerzo: **el tiempo.**

Esa es una de las ideas más importantes de la libertad financiera. No consiste en dejar de trabajar. Consiste en permitir que el fruto de tu trabajo continúe creciendo mientras tú sigues viviendo.

**Eso es invertir.**

No es una apuesta.

No es un golpe de suerte.

No es intentar adivinar qué ocurrirá mañana.

Es darle un propósito al dinero que hoy no necesitas para ayudar a construir el futuro que deseas. Cada pequeña cantidad invertida es como **una semilla.**

Cuando la plantas, apenas parece cambiar nada. La tierra permanece igual. El paisaje también. Durante un tiempo incluso puedes pensar que nada está ocurriendo.

Sin embargo, bajo la superficie, la vida ya ha comenzado.

**Las raíces siempre crecen antes que los frutos.**

Con las inversiones ocurre lo mismo.

Al principio los cambios son casi imperceptibles.

Pero el tiempo hace un trabajo silencioso que ningún esfuerzo puntual podría conseguir por sí solo.

Por eso, las inversiones no recompensan únicamente a quien tiene más dinero.

**Recompensan, sobre todo, a quien aprende a ser paciente.** Porque la paciencia no significa esperar sin hacer nada.

**Significa confiar en un proceso antes de que los resultados sean visibles.**

Cuando comprendemos esto, dejamos de mirar únicamente el próximo mes. Empezamos a pensar también en los próximos años. Y esa nueva mirada transforma nuestra relación con el dinero. Ya no vemos cada dólar únicamente como algo que podemos gastar hoy.

**También empezamos a verlo como una oportunidad para construir el mañana.**

## El caso de Marta: descubrir que el dinero también puede crecer

Marta tenía cincuenta y dos años y, por primera vez en muchos años, las finanzas habían dejado de ser una preocupación constante.

Había aprendido a vivir con orden.

Contaba con un fondo para imprevistos, conocía sus gastos y ya no sentía aquel temor que antes aparecía cada vez que surgía una dificultad inesperada.

No se había hecho rica.

**Pero había conseguido algo que durante mucho tiempo le pareció imposible: vivir con tranquilidad.**

Pensó que aquel era el final del camino.

Hasta que una tarde, mientras tomaba un café con una antigua compañera de trabajo, surgió una conversación que despertó una pregunta completamente nueva.

—Ahora que ya has aprendido a proteger lo que tienes... ¿qué estás haciendo para que siga creciendo?

Marta sonrió con cierta sorpresa.

Nunca se había planteado esa posibilidad.

Siempre había creído que el dinero solo podía cumplir dos funciones:

**gastarse o quedarse quieto.**

Aquella idea abrió una puerta que hasta entonces permanecía cerrada.

¿Y si el dinero pudiera hacer algo más?

¿Y si parte del esfuerzo de todos aquellos años pudiera seguir trabajando por ella?

Durante las semanas siguientes comenzó a leer.

Escuchó a personas con experiencia.

Hizo preguntas.

Y descubrió que invertir no consistía en buscar ganancias rápidas ni en asumir riesgos innecesarios.

Descubrió algo mucho más sencillo.

**Invertir era permitir que el tiempo siguiera recompensando el esfuerzo de tantos años.**

No empezó con grandes cantidades.

Tampoco buscó la inversión perfecta.

Comenzó con prudencia.

Con una pequeña cantidad.

Lo suficiente para aprender sin poner en riesgo la tranquilidad que tanto le había costado construir.

Con el paso de los meses comprendió que el cambio más importante no estaba en el dinero.

**Estaba en su manera de mirar el futuro.**

Hasta entonces había trabajado para ganar un salario.

Ahora empezaba a comprender que una parte de ese salario también podía trabajar para ella.

**Y aquella idea cambió para siempre su manera de entender el dinero.**

## Invertir no es apostar

La palabra *invertir* despierta sentimientos muy distintos. Para algunas personas significa **oportunidad**. Para otras, **riesgo.**

Hay quienes la asocian con grandes fortunas, mercados difíciles de entender o decisiones reservadas para expertos. No es extraño.

Durante años hemos escuchado historias de quienes obtuvieron grandes ganancias... y también de quienes lo perdieron todo. Por eso, cuando llega el momento de invertir, es natural sentir una mezcla de ilusión y desconfianza.

Sin embargo, la esencia de invertir es mucho más sencilla de lo que solemos imaginar.

Invertir no consiste en adivinar qué ocurrirá mañana.

Tampoco en buscar el camino más rápido hacia la riqueza.

Consiste en tomar decisiones prudentes pensando en el largo plazo.

Es una decisión que mira más allá del presente.

Mientras el ahorro protege el dinero que ya hemos ganado, la inversión le ofrece la posibilidad de seguir creciendo.

No son caminos opuestos.

Son etapas de un mismo recorrido.

Primero aprendemos a ahorrar.

Después aprendemos a proteger.

Solo entonces estamos preparados para invertir con serenidad.

Cuando ese orden se respeta, la inversión deja de parecer una apuesta.

Se convierte en una consecuencia natural del camino recorrido.

Quien ha construido una base sólida ya no invierte movido por la prisa o la necesidad.

Invierte desde la confianza.

No una confianza ingenua, basada en creer que todo saldrá bien.

Sino la confianza que nace de haber construido unos cimientos firmes y de comprender que el tiempo puede seguir haciendo su trabajo.

**Eso no significa que invertir esté libre de riesgos.**

Toda inversión implica aceptar un cierto grado de incertidumbre.

Los mercados cambian.

La economía evoluciona.

Nadie puede predecir con absoluta certeza lo que ocurrirá mañana.

La diferencia está en la manera de afrontar esa incertidumbre.

La prudencia no consiste en evitar todo riesgo.

Consiste en comprenderlo antes de decidir, diversificar en lugar de concentrarlo todo en una sola opción y mantener la mirada puesta en el largo plazo, sin dejarse arrastrar por las emociones del momento.

Por eso, una buena inversión no se mide únicamente por la rentabilidad que puede ofrecer.

También se mide por la serenidad con la que eres capaz de mantener el rumbo cuando el camino deja de ser predecible.

Porque invertir no consiste en encontrar el camino más rápido hacia la riqueza.

Consiste en construir, paso a paso, un patrimonio que te permita vivir con mayor libertad y afrontar el futuro con más tranquilidad.

**Invierte desde la confianza.**

No una confianza ingenua, basada en creer que todo saldrá bien. Sino la confianza que nace de haber construido unos cimientos firmes y de comprender que el tiempo puede seguir haciendo su trabajo.

Después de escuchar la palabra *invertir* durante tantos años, es fácil pensar que se trata de algo complejo o reservado para quienes conocen a fondo el mundo de las finanzas.

La realidad es mucho más sencilla.

Invertir es decidir que una parte del dinero que hoy no necesitas contribuya a construir el futuro que deseas.

**Mientras el ahorro protege el fruto del esfuerzo que ya hemos realizado, la inversión le ofrece la oportunidad de seguir creciendo.**

Son dos herramientas distintas, pero complementarias.

Primero aprendemos a ahorrar.

Después, a invertir con prudencia.

Toda inversión implica aceptar un cierto grado de incertidumbre.

Los mercados cambian.

La economía evoluciona.

Nadie puede predecir con absoluta certeza lo que ocurrirá mañana.

La diferencia está en la forma de afrontar esa incertidumbre.

La prudencia no consiste en evitar todo riesgo.

Consiste en comprenderlo antes de decidir, diversificar y mantener la mirada puesta en el largo plazo sin dejarse arrastrar por las emociones del momento.

Por eso, una buena inversión no se mide únicamente por la rentabilidad que puede ofrecer.

También se mide por la serenidad con la que eres capaz de mantener el rumbo cuando el camino deja de ser predecible.

Porque invertir no consiste en encontrar el camino más rápido hacia la riqueza.

**Consiste en construir, paso a paso, un patrimonio que te permita vivir con mayor libertad y afrontar el futuro con más tranquilidad.**

## Sembrar antes de necesitar cosechar

Imagina por un momento a un agricultor. Nadie espera que una semilla dé fruto el mismo día en que se planta.

Primero prepara la tierra.

Después siembra.

La riega con constancia.

La protege de las inclemencias del tiempo.

**Y, sobre todo, espera.**

Sabe que la naturaleza tiene su propio ritmo y que ninguna impaciencia puede acelerar el crecimiento.

Con las inversiones ocurre algo parecido.

**Cuando decides invertir, plantas una semilla para el futuro.**

Al principio parece que nada cambia.

Incluso habrá momentos en los que el valor de esa inversión suba o baje, igual que una planta puede verse afectada por el viento, la lluvia o una estación difícil.

Sin embargo, quien comprende este proceso no se deja llevar por cada cambio del paisaje.

**Sabe que el verdadero crecimiento rara vez es inmediato. Se construye poco a poco, año tras año.**

Por eso, una de las mayores virtudes de un inversor no es adivinar el mejor momento para comprar o vender.

**Es mantener el rumbo cuando las emociones invitan a abandonarlo.**

Vivimos en una sociedad acostumbrada a la inmediatez. Queremos respuestas rápidas, resultados inmediatos y recompensas sin espera. Pero las cosas más valiosas de la vida rara vez siguen ese ritmo.

Una amistad necesita tiempo para fortalecerse.

Una familia se construye día a día.

Un árbol tarda años en ofrecer sombra.

**Un patrimonio también necesita tiempo para dar sus frutos.**

Invertir consiste, en gran medida, en aceptar esa realidad.

No se trata de correr más deprisa que los demás.

**Se trata de avanzar con constancia, permitiendo que el tiempo haga aquello que ningún esfuerzo aislado puede conseguir.**

Cada aportación, por pequeña que parezca, es una nueva semilla.

Quizás hoy no cambie tu vida.

Quizás tampoco mañana.

Pero, con los años, puede convertirse en el bosque que un día te ofrecerá tranquilidad, oportunidades y la libertad de elegir cómo quieres vivir.

**Porque toda gran cosecha comienza mucho antes de que el mundo pueda verla.**

## Cuando el camino no siempre sube

Si alguna vez has observado el crecimiento de un árbol, habrás comprobado que no todos los años son iguales.

Hay estaciones de abundancia y otras de sequía.

Años en los que todo parece florecer con facilidad y otros en los que el crecimiento apenas se percibe.

Sin embargo, el árbol no deja de crecer porque llegue el invierno.

**Sabe que las estaciones cambian y que la primavera siempre vuelve.**

Las inversiones también tienen sus estaciones.

Habrá momentos en los que el valor de tus inversiones aumente y otros en los que disminuya.

Es una realidad inevitable y forma parte del funcionamiento de los mercados.

Quien comienza a invertir pensando que todo crecerá de manera constante suele sentirse decepcionado cuando aparecen las primeras caídas.

En cambio, quien comprende que esas variaciones forman parte natural del camino aprende a mirar más allá del corto plazo.

Eso no significa ignorar lo que sucede.

Significa no tomar decisiones impulsivas solo porque el camino se ha vuelto más difícil durante un tiempo.

Muchas veces, el mayor riesgo no está en el mercado.

Está en nuestras emociones.

El miedo puede llevarnos a vender justo cuando los precios han caído.

La euforia puede empujarnos a comprar únicamente porque todo parece subir.

**Ninguna de esas decisiones nace de la serenidad, sino de la emoción del momento.**

Por eso, antes de aprender a invertir, es necesario aprender a mantener la calma.

Las decisiones más importantes para nuestro futuro rara vez deberían tomarse desde el miedo o la impaciencia.

Quien invierte con una visión de largo plazo comprende que un mal mes no define un buen proyecto, del mismo modo que un día de lluvia no arruina una cosecha.

La confianza no consiste en creer que nunca habrá dificultades.

Consiste en recordar por qué comenzaste y en confiar en que el tiempo sigue siendo tu mejor aliado.

Porque invertir no es encontrar un camino sin obstáculos.

Es aprender a recorrerlo sin perder el rumbo.

Los mercados cambian de dirección con frecuencia.

Los principios, en cambio, permanecen.

**Quien aprende a apoyarse en ellos descubre que la serenidad es una de las inversiones más valiosas que puede hacer.**

## No pongas todas tus semillas en la misma tierra

Si un agricultor plantara todas sus semillas en un solo terreno, asumiría un riesgo innecesario.

Bastaría una fuerte tormenta, una plaga o una larga sequía para perder, en poco tiempo, el trabajo de toda una temporada.

Por eso, quienes conocen la tierra saben que la prudencia no consiste solo en sembrar.

También consiste en no depender de un único lugar para que toda la cosecha salga adelante.

Con las inversiones ocurre exactamente lo mismo.

Cuando ponemos todo nuestro dinero en una sola opción, también concentramos todo el riesgo.

Si esa inversión no evoluciona como esperábamos, las consecuencias pueden ser importantes.

En cambio, al distribuir nuestros recursos entre diferentes tipos de inversiones, reducimos el impacto que un problema concreto puede tener sobre nuestro patrimonio.

Diversificar no garantiza que nunca existan pérdidas.

Pero ayuda a que una sola decisión no determine todo nuestro futuro financiero.

La prudencia no consiste en eliminar el riesgo.

Consiste en impedir que un único error tenga consecuencias irreparables.

Quien desea recoger una buena cosecha no apuesta todo a un solo campo.

**Siembra con inteligencia, para que ninguna tormenta tenga el poder de llevarse todo lo que ha construido.**

## Elegir el terreno adecuado

No todas las semillas se plantan en el mismo lugar.

Un agricultor no cultiva arroz en un desierto ni olivos en un terreno inundado.

Antes de sembrar, observa la tierra, el clima y el tiempo que está dispuesto a esperar.

Con las inversiones ocurre algo parecido.

No existe una inversión perfecta para todo el mundo.

La mejor elección dependerá de tus objetivos, del tiempo que tengas por delante, de tu capacidad para asumir las fluctuaciones del camino y de la tranquilidad con la que desees recorrerlo.

Cada tipo de inversión cumple una función diferente.

Algunas ofrecen mayor estabilidad, aunque su crecimiento sea más moderado.

Otras tienen un mayor potencial de crecimiento, pero también experimentan cambios más intensos a lo largo del tiempo.

Ninguna es buena o mala por sí misma.

Lo importante es que la decisión sea coherente con la persona que eres y con la vida que deseas construir.

Invertir no consiste en buscar la opción más rentable.

Consiste en encontrar aquella que puedas mantener con serenidad durante muchos años.

Porque una buena inversión no es la que promete más.

**Es la que te permite dormir tranquilo mientras el tiempo hace su trabajo.**

## Algunos caminos para empezar

Hoy existen muchas formas de invertir.

Cada una responde a necesidades, objetivos y momentos de vida diferentes.

No existe una única opción válida para todo el mundo.

Lo importante es comprender que cada herramienta cumple una función distinta y que la mejor elección dependerá de la persona que la utilice.

**No existe una única opción válida para todo el mundo.**

**Lo importante es comprender que cada herramienta cumple una función distinta.**

Entre las alternativas más conocidas se encuentran:

- **Fondos indexados**, que permiten invertir de forma diversificada siguiendo el comportamiento de un mercado o de un índice.
- **Acciones**, que representan una pequeña participación en una empresa y permiten compartir tanto su crecimiento como sus riesgos.
- **Bonos**, mediante los cuales prestas dinero a un Estado o a una empresa a cambio de recibir unos intereses.
- **Bienes inmuebles**, que pueden generar ingresos a través del alquiler y aumentar su valor con el paso del tiempo.
- **Planes de pensiones u otros vehículos de ahorro a largo plazo**, pensados para complementar los recursos disponibles durante la jubilación.

No es necesario conocer todas estas alternativas desde el primer día.

Lo verdaderamente importante es comprender que invertir no empieza cuando eliges un producto financiero.

Empieza cuando decides construir el futuro con paciencia, conocimiento y prudencia.

Las herramientas cambian con el tiempo.

Los mercados evolucionan.

Aparecen nuevas oportunidades.

Pero los principios permanecen.

Quien comprende esos principios puede adaptarse a los cambios sin perder el rumbo.

Quien persigue únicamente la última moda corre el riesgo de olvidar que las mejores decisiones rara vez nacen de la prisa.

Por eso, antes de preguntarte en qué invertir, pregúntate **para quien** quieres invertir.

La respuesta no estará en un producto financiero, sino en la vida que deseas construir.

**Cuando el propósito es claro, elegir el camino adecuado resulta mucho más sencillo.**

## El verdadero fruto de la inversión

Cuando pensamos en invertir, es fácil imaginar gráficos, porcentajes o cifras cada vez mayores.

Sin embargo, con el paso de los años descubrimos que el verdadero valor de una inversión no siempre puede medirse en dinero.

Se mide en las oportunidades que hace posibles.

Una inversión bien construida puede ofrecerte mucho más que un patrimonio mayor.

Puede regalarte tiempo para estar con quienes amas.

Puede ayudarte a afrontar un imprevisto con mayor serenidad.

Puede darte la libertad de elegir un trabajo que te ilusione en lugar de aceptar cualquier empleo por necesidad.

Puede permitirte mirar el futuro con menos incertidumbre.

En otras palabras, una buena inversión no solo hace crecer tu patrimonio.

También amplía tu capacidad para elegir la vida que deseas vivir.

Ese es, quizás, el verdadero propósito de la libertad financiera.

No acumular riqueza por el simple hecho de tener más.

Sino construir una vida en la que el dinero deje de ser una preocupación constante y se convierta en una herramienta al servicio de tus valores, de tus sueños y de las personas que más importan.

Por eso, cada dólar que ahorras con disciplina y cada inversión que realizas con prudencia representan mucho más que una decisión financiera.

Son pequeños actos de confianza en la persona que serás dentro de unos años.

Son una forma de cuidar hoy a quien serás mañana.

Y ese cuidado, sostenido con paciencia y constancia, tiene el poder de transformar una vida.

Porque, al final, la mejor inversión nunca será la que más dinero produzca.

Será la que te permita vivir con más libertad, amar con más calma y mirar el futuro con más esperanza.

Cuando el dinero deja de ser el destino y se convierte en un compañero de viaje, la libertad financiera empieza a cumplir su verdadero propósito.

**Invertir es mucho más que hacer crecer el dinero.**

Es aprender a confiar en el tiempo, en la constancia y en el valor de las decisiones que se mantienen firmes, incluso cuando los resultados todavía no se ven.

Cada ahorro protegido, cada inversión realizada con prudencia y cada paso dado con paciencia son una forma de cuidar la vida que deseas construir.

**Porque el verdadero patrimonio no se mide únicamente por lo que acumulas.**

**Se mide por la libertad que, poco a poco, construyes con él.**

## Reflexión Final

Invertir es aprender a mirar más allá del presente.

Es comprender que el esfuerzo de hoy puede seguir construyendo el mañana cuando se une a la paciencia, la prudencia y al paso del tiempo.

Vivimos en una época que nos invita a buscar resultados inmediatos.

Queremos que todo ocurra deprisa.

Sin embargo, las cosas más valiosas de la vida rara vez crecen de un día para otro.

Una amistad necesita tiempo para convertirse en confianza.

Un árbol necesita años para ofrecer su sombra. La libertad financiera también.

Cada ahorro, cada inversión realizada con criterio y cada decisión tomada pensando en el futuro son pequeñas semillas que, con el tiempo, terminan dando fruto.

Quizás mañana no notes una gran diferencia.

Tal vez tampoco el próximo año.

Pero llegará un día en el que mirarás atrás y comprenderás que no fue una gran decisión la que transformó tu vida, sino la suma de muchos pequeños pasos recorridos con constancia.

Porque el tiempo no recompensa la prisa.

**Recompensa a quien permanece.**

Y cuando aprendes a caminar a su lado, descubres que el mayor crecimiento no ocurre únicamente en tu patrimonio.

Ocurre, sobre todo, en la persona en la que te conviertes.

Porque el dinero puede crecer con el tiempo.

**Pero las personas también.**

Y cuando ambos crecen en la misma dirección, la libertad financiera deja de ser un destino para convertirse en una forma de vivir.

**Un árbol necesita años para ofrecer su sombra.** Porque el dinero puede crecer con el tiempo.

**Pero las personas también.**

**Y cuando ambos crecen en la misma dirección, la libertad financiera deja de ser un destino para convertirse en una forma de vivir.**

## Una pausa en el camino

Invertir no significa perseguir la riqueza con prisa.

Significa permitir que una parte de tu esfuerzo siga construyendo el futuro mientras tú continúas viviendo el presente.

El crecimiento verdadero rara vez hace ruido.

Sucede poco a poco, casi sin que nos demos cuenta.

Porque el tiempo no hace crecer únicamente las inversiones.

También hace crecer a quienes aprenden a caminar con paciencia, prudencia y constancia.

## Lleva esta luz contigo

El ahorro protege lo que has conseguido.

La inversión, guiada por la prudencia y la paciencia, permite que ese esfuerzo siga construyendo tu futuro.

Porque la verdadera riqueza no consiste solo en tener más.

Consiste en vivir con la tranquilidad de saber que cada decisión de hoy cuida también de la persona que serás mañana.

## 👣 Da el siguiente paso

No tengas prisa por invertir.

Empieza por comprender. Dedica tiempo a aprender cómo funcionan las distintas alternativas de inversión, cuáles son sus riesgos y cuáles se adaptan mejor a tus objetivos, a tus valores y a la vida que deseas construir.

Recuerda que una buena decisión financiera no nace de la prisa. Nace del conocimiento. Y se fortalece con la experiencia.

Cada paso que des con serenidad será más valioso que cualquier salto impulsivo.

## ❓ Una pregunta para el camino

Si dentro de veinte años pudieras agradecer una decisión financiera que tomaste hoy, ¿cuál te gustaría que fuera?

## ✍ Tu próximo remo

Durante esta semana, reserva un momento para pensar en tu futuro. No para calcular cuánto dinero quieres tener, sino para imaginar con claridad la vida que deseas construir.

Después, identifica cuál podría ser el primer paso para que una pequeña parte de tus ahorros empiece, con prudencia y conocimiento, a caminar hacia ese futuro.

Recuerda que las grandes cosechas comienzan con una sola semilla. **Lo importante no es plantarla hoy. Es seguir cuidándola mañana.**

*"Invertir no consiste en hacer crecer el dinero;*

*consiste en darle al tiempo la oportunidad de cuidar el futuro que estás construyendo hoy."*

# CAPÍTULO VI

## Aprender a elegir

***"Nuestra relación con el dinero evoluciona con nosotros. Primero nos ayuda a soñar. Después, a construir seguridad. Cuando el miedo deja de dirigir el camino, comenzamos a descubrir el verdadero valor de la libertad."***

Hay un momento —difícil de precisar— en que algo comienza a aquietarse.

Las cuentas están más claras.
Los sobresaltos disminuyen.
Las decisiones ya no se toman siempre desde la urgencia.

No significa que exista una abundancia ilimitada.
Tampoco es que el mar permanezca siempre en calma.

**Eso es la seguridad: no vivir sin olas, sino saber que tu embarcación puede atravesarlas.**

Curiosamente, es entonces, cuando aparece una pregunta nueva. Una pregunta más silenciosa, menos práctica, pero imposible de ignorar.

## La pregunta que antes no estaba

Durante mucho tiempo, las preguntas fueron otras:
**¿Cómo llegar a fin de mes?**
**¿Cómo evitar el próximo problema?**
**¿Cómo proteger lo que tengo?**
Cuando esas preguntas comienzan a encontrar respuesta, surge una completamente distinta:

**¿Para qué estoy cuidando todo esto?**

No es ingratitud.
No es cansancio.
Es evolución.

La Seguridad ha cumplido una de sus funciones esenciales: reducir el miedo.

Y **cuando el miedo baja la voz**, el propósito encuentra espacio para hablar.

Durante mucho tiempo vivimos ocupados resolviendo lo urgente: **llegar a fin de mes, afrontar un imprevisto o proteger a quienes amamos.** Mientras esas preocupaciones ocupan nuestra atención, apenas queda espacio para mirar más lejos.

Pero, cuando dejan de dominar nuestros días, recuperamos algo que parecía perdido: **el tiempo para pensar.**

Pero cuando la urgencia disminuye, recuperamos el tiempo para pensar. Con ese tiempo llegan preguntas que antes no tenían lugar.

Ya no se trata únicamente de cuánto dinero tenemos o de cómo administrarlo. Empieza a surgir una pregunta que el dinero, por sí solo, nunca podrá responder:

**¿Cómo quiero vivir los años que tengo por delante?**

Porque tarde o temprano, descubrimos que cuando dejamos de sobrevivir, comenzamos a preguntarnos cómo queremos vivir.

## Pensemos ahora en Javier.

Javier tenía sesenta y un años.

Había trabajado durante toda su vida con un objetivo muy claro: ofrecer tranquilidad a su familia.

Pagó la hipoteca.

Ahorró con constancia.

Construyó un patrimonio que le permitía mirar el futuro con serenidad.

Durante años, cada decisión económica tuvo un mismo propósito: **proteger.**

Proteger a quienes amaba.

Proteger su hogar.

Proteger el mañana.

Un día ocurrió algo que durante mucho tiempo había parecido inalcanzable.

Por primera vez, no había una deuda urgente, una reparación pendiente ni una preocupación inmediata reclamando su atención.

**El silencio que había anhelado durante tantos años llegó por fin.**

Pero aquel silencio no estaba vacío.

Traía consigo una pregunta distinta.

**—¿Y ahora qué?**

Era una pregunta nacida de la paz.

Y Javier descubrió que las preguntas que nacen de la paz son muy diferentes de las que nacen del miedo.

Durante años había dedicado toda su energía a proteger lo que tanto esfuerzo le había costado construir. Ahora comprendía que había llegado el momento de preguntarse para qué lo había hecho. Aquel día comprendió que la seguridad había cumplido su misión. El camino, una vez más, lo invitaba a seguir creciendo.

Porque cada etapa del camino trae consigo una pregunta distinta. Al principio nos preguntamos cómo sobrevivir. Después, cómo proteger. Y cuando por fin encontramos serenidad, aparece la pregunta que da sentido a todas las anteriores:
**¿Para qué?**

## El riesgo de quedarse solo protegiendo

En este punto del camino, algunas personas cometen un error comprensible. Continúan protegiendo por inercia.

Siguen acumulando, ordenando y ajustando, sin detenerse a preguntarse si todo eso sigue teniendo el mismo sentido.

Mientras tanto, el dinero puede seguir creciendo...

...y la vida permanecer inmóvil.

Sin darnos cuenta, el hábito de proteger puede convertirse en un fin en sí mismo.

Entonces la Seguridad deja de ser un puente hacia la libertad y se convierte en un refugio permanente.

No porque esté mal construida, sino porque el miedo ya no protege el patrimonio.

Protege la costumbre.
Vivir atrincherado, no.

La verdadera seguridad no es mantener todas las puertas cerradas, sino saber que puedes abrirlas cuando llegue el momento.

## Cuando la estructura empieza a pesar

La estructura que un día te protegió puede empezar a sentirse pesada. No porque esté mal construida, sino porque quizás ya no responde a la persona en la que te has convertido.

Lo que antes ofrecía tranquilidad puede comenzar a sentirse como una obligación. Lo que antes daba orden a tu vida puede terminar dejando menos espacio para vivirla.

Este momento suele llegar acompañado de sensaciones difíciles de explicar:

- una sensación persistente de incomodidad, aunque aparentemente todo esté bien;
- la percepción de que el camino todavía no ha terminado;
- el deseo de aflojar el paso sin sentir que estás renunciando a lo que has construido;
- la necesidad de vivir con mayor ligereza, sin poner en riesgo tu estabilidad.

Nada de eso significa que hayas fracasado.

Significa que estás cambiando.

Hay estructuras que nos sostienen durante una etapa. También llega un momento en que esas mismas estructuras necesitan transformarse para seguir estando al servicio de nuestra vida.

Porque la verdadera seguridad nunca fue el destino.

Fue el lugar desde el que podías volver a elegir.

## Remar sin urgencia

Hasta aquí, remar significaba no hundirse. Ahora significa elegir el rumbo. Ya no remas únicamente para mantenerte a flote.

Remas con más calma y con menos desesperación. Remas con la serenidad de quien sabe que puede sostenerse incluso cuando el mar vuelve a agitarse.

Ese cambio interior es sutil, pero transforma por completo la manera de navegar.

La Seguridad, cuando ha cumplido su propósito, no te deja tenso.
Te deja disponible.
Disponible para elegir, no solo para proteger.
Disponible para disfrutar, no solo para prever.
Disponible para dedicar tiempo a aquello que da verdadero sentido a tu vida.

Porque la finalidad de construir una embarcación resistente nunca fue quedarse en el puerto. Fue tener la libertad de zarpar cuando el corazón señalara un nuevo horizonte.

## La antesala de otra luz

Este momento del camino no trae necesariamente respuestas inmediatas ni pasos concretos.

Trae algo más importante: **espacio interior.**

Espacio para preguntarte:

qué deseas conservar;
- qué ya no necesita ser defendido;
- qué podría cambiar sin que todo se derrumbe;

- qué merece realmente tu tiempo, tu energía y tu atención;
- qué lugar deseas que ocupe el dinero en la etapa que comienza.

Estas preguntas no se responden solamente con números.
Se responden con tiempo.
Con honestidad.
Con silencio.

Y cuando empiezan a aparecer, es porque una nueva luz ya ilumina el camino.

**La Seguridad no desaparece. Permanece. Pero ya no ocupa el centro del camino.**

Se convierte en el suelo firme desde el que puedes caminar con libertad. Porque el camino no termina cuando aprendemos a sostener la vida. Continúa cuando aprendemos a elegir cómo queremos vivirla. Y esa elección comienza a encender la siguiente luz.

Continúa cuando aprendemos a elegir cómo queremos vivirla. Esa elección comienza a encender la siguiente luz.

## Una pausa en el camino

Llega un momento en que el mayor cambio ya no ocurre en tu cuenta bancaria, sino en tu manera de mirar la vida.

Tal vez durante muchos años pensaste que la tranquilidad consistía en conservarlo todo, preverlo todo y evitar cualquier riesgo.

Pero la seguridad madura no consiste en prever cada detalle.

Consiste en saber que, aunque la vida cambie, cuentas con la capacidad, la experiencia y la serenidad necesarias para responder.

Haz una pausa.

Observa todo lo que has construido.

Reconoce el camino que recorriste para llegar hasta aquí. Pero no mires únicamente lo que posees. Pregúntate también cuánto espacio te deja para vivir.

**¿Tus decisiones financieras protegen lo que verdaderamente valoras?**

**¿O continúas sosteniendo algunas cargas solamente porque un día fueron necesarias?**

**¿Hay algo que antes te daba tranquilidad y que hoy comienza a limitarte?**

No necesitas responder de inmediato.

Las preguntas importantes rara vez aceptan la prisa. Porque la verdadera seguridad no consiste en aferrarte a todo lo que has construido.

**Consiste en sentirte libre para decidir qué merece seguir caminando contigo.**

## Lleva esta luz contigo

La seguridad cumple su verdadero propósito cuando deja espacio para la libertad.

Recuerda:

No todo lo que protegiste ayer necesita seguir ocupando el mismo lugar mañana.

Hay momentos en la vida en los que avanzar no significa hacer más, acumular más ni controlar más. Significa aprender a vivir con mayor serenidad, con más ligereza y con un propósito cada vez más claro.

Porque la mejor seguridad no es la que te impide cambiar. Es la que te da la tranquilidad necesaria para elegir.

## 👣 Da el siguiente paso

Durante los próximos siete días, regálate un momento de calma para reflexionar.

☐ Escribe las tres cosas que hoy te proporcionan verdadera tranquilidad.

☐ Pregúntate si tu manera de administrar el dinero protege realmente esas prioridades.

☐ Identifica una preocupación, un hábito o una carga que ya no necesitas seguir sosteniendo.

☐ Dedica unos minutos a pensar no solo en cómo proteger tu futuro, sino también en el propósito de todo lo que estás construyendo.

☐ Elige una pequeña decisión que te permita vivir con mayor serenidad, sin comprometer la seguridad que has construido.

## ? Una pregunta para el camino

Si hoy ya no tuvieras que vivir preocupado por el dinero,

**¿a qué dedicarías el tiempo, la energía y la tranquilidad que has conquistado?**

Escríbelo.

No pienses primero en lo que deberías hacer.

Piensa en aquello que daría un sentido más profundo a tus días.

Porque, a veces, las respuestas más importantes no aparecen cuando aprendemos a ganar más. Aparecen cuando descubrimos para qué queremos vivir con más libertad.

Porque la verdadera riqueza comienza cuando el dinero deja de ocupar el centro de tu existencia y te permite dedicarte a aquello que realmente tiene sentido para ti.

## Tu próximo remo

**Durante los próximos siete días dedicaré un momento de silencio a descubrir qué merece verdaderamente mi tiempo, mi energía y mi corazón.**

Reconozco el valor de todo lo que he construido.

Agradezco la seguridad que hoy sostiene mi camino.

Comprendo que proteger es necesario.

Pero también comprendo que la seguridad no es el final del camino.

Es la base desde la que puedo vivir con mayor libertad, serenidad y propósito.

**Hoy elijo seguir avanzando.**

**Fecha:** ________________________

**Firma:** ________________________

*La verdadera libertad comienza*

*cuando el dinero*

*deja de ocupar el centro de tu vida.*

# CAPÍTULO VII

## La pregunta que transforma el viaje

***"La verdadera riqueza comienza cuando descubres que el dinero deja de ser el destino y se convierte en un compañero de camino, con el que aprendes a vivir en armonía."***

La Tercera Luz no llega acompañada de un acontecimiento extraordinario.

Llega en silencio.

No irrumpe.
No exige atención.
No se impone.

Simplemente aparece cuando, por primera vez en mucho tiempo, la vida deja espacio para escuchar otra clase de preguntas.

Después de proteger, ordenar y sostener durante años, llega un momento en que todo se aquieta lo suficiente para que una pregunta nueva encuentre su lugar.

No es una pregunta práctica.
No reclama una respuesta inmediata.
No promete una fórmula sencilla.

Es una pregunta distinta.

Una pregunta capaz de transformar el resto del viaje.

## Cuando el dinero deja de gritar

Una de las señales más claras de que estás entrando en esta etapa es que el dinero deja de ocupar el centro de tus pensamientos.

No porque sobre.
No porque haya dejado de importar.
Sino porque ya no amenaza.

Las cuentas están más claras.
Los hábitos funcionan.
Los imprevistos ya no te desarman por completo.
La tranquilidad no depende de que todo salga siempre bien.

Y entonces ocurre algo curioso: empiezas a mirar tu vida con otros ojos.

No con ansiedad.

Con serenidad.

El dinero, que durante tanto tiempo habló con la voz de la urgencia, comienza a guardar silencio. Y en ese silencio se vuelve posible escuchar algo que antes permanecía oculto.

Tu propia voz.

Es allí donde comienza a encenderse la Tercera Luz y con ella aparece una pregunta capaz de cambiarlo todo.

La pregunta ya no es:

¿Cómo sigo creciendo?

Tampoco es: ¿Cómo gano más?

La pregunta es mucho más sencilla.

Y, al mismo tiempo, mucho más difícil de responder:

**¿Qué es suficiente para mí?**

No para otros.

No para cumplir expectativas.

No para demostrar nada.

No para alcanzar una cifra que alguien más decidió que representaba el éxito.

Para mí.

No existe una respuesta universal.

No se encuentra en una calculadora.

No aparece escrita en una cuenta bancaria.

No puede copiarse de la vida de otra persona.

Se descubre con honestidad y con el valor de dejar de compararte.

Y, como nosotros mismos, puede cambiar con el paso del tiempo.

Lo que era suficiente a los treinta años quizás no lo sea a los cincuenta.

Lo que parecía indispensable en una etapa puede perder importancia en la siguiente. Por eso, preguntarse qué es suficiente no significa renunciar a crecer. Significa decidir qué clase de crecimiento merece verdaderamente nuestra vida.

Pero esta pregunta va mucho más allá del dinero. En realidad, nunca habló únicamente de dinero.

No solo significa:

**¿Cuánto dinero necesito?**

También significa:

- ¿Qué necesito para sentir que mi vida está bien vivida?
- ¿Qué cosas me hacen verdaderamente feliz?
- ¿Qué deseo conservar?
- ¿Qué sueños quiero realizar todavía?
- ¿Qué lugar quiero que ocupen el tiempo, la familia, la calma, la salud y la libertad en mi futuro?
- ¿Qué clase de persona quiero llegar a ser?

No busques respuestas perfectas.

Busca respuestas verdaderas.

Tal vez necesites caminar con estas preguntas durante varios días. Incluso debes escribirlas, dejarlas reposar y regresar a ellas cuando el silencio haya ordenado tus pensamientos.

Y, si es necesario, sueña primero. Pero después despierta con una visión más clara de lo que significa para ti vivir bien. Porque solo cuando comprendes con qué eres feliz, qué deseas conservar y hacia dónde quieres dirigir los años que tienes por delante, puedes determinar qué es realmente suficiente para ti.

Entonces, lo suficiente deja de ser una cifra imprecisa. Se convierte en una dirección.

Es una forma de vivir. Es una decisión consciente que orienta cada paso del camino.

**Sueña con la vida que deseas.**

**Después despierta con la claridad necesaria para empezar a construirla.**

## Isabel y el futuro que ya había llegado

Isabel tenía sesenta y siete años.

Durante más de cuatro décadas había vivido convencida de que siempre hacía falta un poco más.

Un poco más de ahorro.
Un poco más de seguridad.
Un poco más «por si acaso».

Trabajó con disciplina, cuidó de su familia, pagó su casa y aprendió a no malgastar nada.

**Ahorrar era su manera de amar.**

Cada cantidad que guardaba representaba una protección contra un futuro incierto.

Cada renuncia era una forma de cuidar a quienes dependían de ella.

Cuando llegó la jubilación, siguió haciendo lo mismo.

Revisaba sus cuentas todos los meses. Calculaba con prudencia cada gasto y apenas se permitía pequeños caprichos, aunque sabía que podía hacerlo sin poner en riesgo su estabilidad.

Un día, mientras ordenaba unos documentos, se detuvo frente a la ventana. Desde allí podía ver el jardín de su casa, iluminado por una luz suave de la tarde.

Entonces apareció una pregunta que nunca antes se había permitido formular.

No era cuánto tenía. Era para qué había guardado tanto durante tantos años.

**Isabel comprendió que llevaba buena parte de su vida preparándose para un futuro que ya había llegado.**

Había construido la seguridad que tanto deseaba.

Sin embargo, seguía viviendo como si todavía estuviera a punto de perderla.

Durante las semanas siguientes, aquella pregunta continuó acompañándola:

**¿Para qué sigo acumulando?**

No encontró la respuesta de inmediato.

Pero, por primera vez en muchos años, dejó de preguntarse cuánto le faltaba y comenzó a preguntarse qué significaba, para ella, tener suficiente.

Comprendió que no necesitaba demostrar nada.

Tampoco necesitaba abandonar la prudencia que la había protegido durante tantos años.

Necesitaba aprender a vivir desde la tranquilidad que tanto esfuerzo le había costado construir.

A partir de entonces, su forma de administrar el dinero no cambió de manera radical.

Siguió siendo prudente.
Siguió planificando.
Siguió cuidando sus recursos.

Pero empezó a permitirse aquello que durante años había pospuesto.

Viajar para visitar a una amiga.
Invitar a sus nietos a pasar un fin de semana.
Cambiar un electrodoméstico que llevaba demasiado tiempo reparando.
Disfrutar de una comida especial sin sentir que estaba desperdiciando dinero.

Isabel descubrió que cuidar el futuro había sido importante.

Pero también lo era aprender a habitar el presente.

Isabel descubrió que cuidar el futuro había sido importante. Pero también lo era aprender a habitar el presente.

Tal vez la tranquilidad que había buscado durante toda su vida nunca había estado lejos. Solo necesitaba permitirse vivirla.

**Ese día, la Tercera Luz comenzó a iluminar su camino.**

## El miedo oculto a soltar el control

A muchas personas esta etapa les provoca inquietud. No necesariamente por falta de dinero, sino por algo más profundo: el miedo a soltar.

Durante años, proteger y acumular fue una forma de sentirse a salvo.

Cada ahorro, cada decisión prudente y cada renuncia construyeron una sensación de seguridad. Aquella disciplina fue necesaria: permitió atravesar etapas difíciles, enfrentar imprevistos y crear estabilidad.

Pero llega un momento en que la misma estrategia que antes ofrecía tranquilidad puede comenzar a generar tensión.

La vigilancia permanece, aunque la amenaza haya disminuido.

La necesidad de controlar continúa, aunque la vida ya no exija el mismo nivel de defensa.

Y, sin darnos cuenta, aquello que un día nos protegió puede terminar impidiéndonos vivir con la libertad que buscábamos alcanzar.

**Soltar no significa dejar de cuidar. Significa dejar de vivir como si el peligro siguiera esperando detrás de cada esquina.**

Eso no siempre resulta fácil.

Porque implica aceptar que no todo riesgo es una amenaza, que no toda pérdida es una tragedia y que no todo puede —ni necesita— permanecer bajo nuestro control.

**La Tercera Luz no invita a abandonar la prudencia.**

Invita a dejar de confundir prudencia con miedo.

**La prudencia permite elegir.**
**El miedo impide hacerlo.**

Cuando el miedo deja de dirigir nuestras decisiones, el dinero recupera su verdadera función: **servir a la vida y no gobernarla.**

No solo **soltamos el control del dinero. También dejamos de creer que controlar todo nos mantiene seguros**.

## Elegir en lugar de acumular

En esta etapa, el dinero cambia de función.

Ya no existe principalmente para protegerte de todo lo que podría ocurrir.

Comienza a servirte para vivir de acuerdo con aquello que realmente valoras.

Entonces aparecen preguntas nuevas:

- ¿En qué deseo invertir mi tiempo?
- ¿Qué experiencias valen más que seguir acumulando?
- ¿A quién quiero facilitarle el camino?
- ¿Qué puedo disfrutar sin traicionar mi prudencia?
- ¿Qué legado, material o invisible, deseo dejar?
- ¿Qué decisiones reflejan la persona en la que me he convertido?

Estas preguntas no empujan.

Invitan.

No exigen una respuesta inmediata.

Abren una conversación contigo mismo.

La Sabiduría financiera no consiste únicamente en invertir mejor, gastar menos o administrar con mayor eficiencia. También consiste en reconocer que el dinero ha dejado de ser el protagonista para ocupar el lugar que verdaderamente le corresponde: **el de un compañero de camino.**

Un compañero que nos ayuda a cuidar.

A elegir.
A compartir.
A disfrutar.
A descansar.

A contribuir.
Y a vivir con mayor libertad.

## Remar con sentido

En las primeras etapas, remar significaba sobrevivir.

Después, significó sostener.

Ahora, remar adquiere un sentido diferente.

Remas cuando hace falta.

Descansas cuando llega el momento.

**El ritmo ya no lo marca el miedo, sino el propósito.**

**El mar sigue siendo el mismo.**

**Quien ha cambiado eres tú.**

Ya no remas únicamente para escapar del hundimiento.

**Remas para elegir el rumbo de tu vida.**

Y descubres que, a veces, la mayor fortaleza no consiste en remar con más fuerza.

Consiste en reconocer cuándo has avanzado lo suficiente.

En confiar en la embarcación que has construido.

En permitir que el viento también haga su parte.

Y, en ciertos momentos, en dejar que la corriente te acompañe sin sentir que has perdido el control.

**La Sabiduría no elimina el esfuerzo.**

**Le da dirección.**

**No es el final del camino**

La Tercera Luz no marca un cierre.
No es un punto de llegada.
No representa una vida sin preguntas ni dificultades.

**Es una manera diferente de caminar.**

Más consciente.

Menos reactiva.

Más serena.

Más fiel a lo que verdaderamente importa.

Aquí, la libertad financiera deja de ser una promesa futura para convertirse en una experiencia presente.

Es la posibilidad de elegir sin ansiedad.

De utilizar el dinero sin culpa.

De disfrutar sin sentir que cada decisión necesita ser defendida.

De comprender que la estabilidad no fue construida para permanecer inmóvil dentro de ella, sino para vivir con mayor amplitud.

La respuesta puede cambiar.
Tal vez al principio ni siquiera sea clara.
Responder qué es suficiente puede llevar tiempo.
Pero el simple hecho de hacerte esa pregunta ya transforma el

camino.
**Porque has dejado de remar únicamente por miedo.**
**Ahora remas con sentido.**

## Una pausa en el camino

Lo suficiente no es el final del camino.

Es el comienzo de una relación más libre con el dinero.

Mientras creemos que siempre falta algo, vivimos mirando aquello que todavía no tenemos.

Siempre existe una cifra más alta.
Una meta nueva.
Una compra pendiente.
Una comparación capaz de hacernos sentir incompletos.

Pero cuando descubrimos qué significa suficiente para nosotros, dejamos de perseguir una meta que se aleja cada vez que intentamos alcanzarla.

Entonces empezamos a mirar el lugar al que ya hemos llegado.
Reconocemos lo construido.
Valoramos lo que permanece.
Y nos permitimos disfrutar sin sentir que estamos renunciando al futuro.

Descubrir lo suficiente no significa perder la ambición ni abandonar nuestros sueños. Significa que nuestra paz ya no depende de la siguiente meta.

**Podemos seguir creciendo.**

**"Dejamos de pedirle a cada logro que decida cuánto valemos."**

Y, paradójicamente, es desde esa serenidad donde nacen las decisiones más sabias.

Porque cuando ya no elegimos desde la carencia, podemos elegir desde el sentido.

## 🕯 Lleva esta luz contigo

El dinero encuentra su verdadero lugar cuando deja de ser una meta y se convierte en un compañero de camino que te ayuda a vivir con mayor libertad.

Recuerda:

La verdadera riqueza no siempre consiste en tener más.

Muchas veces consiste en reconocer que ya tienes suficiente para empezar a vivir aquello que durante tanto tiempo has preparado.

## 👣 Da el siguiente paso

**Durante los próximos siete días:**

☐ Haz algo que llevas tiempo posponiendo, aunque ya cuentas con la seguridad necesaria para disfrutarlo.

☐ Antes de realizar una compra importante, pregúntate si responde a una necesidad, a un deseo auténtico o a una comparación.

☐ Describe con tus propias palabras qué significa para ti vivir con suficiente.

☐ Revisa si la manera en que utilizas tu tiempo y tu dinero refleja verdaderamente tus prioridades.

☐ Elige una decisión de esta semana y pregúntate: **¿la estoy tomando desde el miedo o desde el sentido?**

## ❓ Una pregunta para el camino

**¿Cómo sería tu vida si dejaras de medir tu bienestar por aquello que aún te falta y comenzaras a reconocer todo lo que ya es suficiente?**

Escríbelo.

Observa no solo lo que posees, sino también todo lo que hoy puedes hacer, compartir, sentir y agradecer gracias a lo que has construido.

Porque la verdadera abundancia comienza cuando dejamos de vivir pendientes de la ausencia y aprendemos a reconocer la plenitud que ya habita en nuestra vida.

**La libertad no comienza cuando tienes todo.**

**Comienza cuando descubres que lo suficiente puede ser, precisamente, lo que ya tienes.**

## 🚣 Tu próximo remo

Durante los próximos siete días dedicaré unos minutos cada día a reconocer aquello que hoy ya es suficiente en mi vida.

Agradeceré lo que he construido sin dejar de avanzar hacia aquello que todavía deseo alcanzar.

Comprendo que la verdadera riqueza no consiste únicamente en acumular.

También consiste en saber cuándo puedo respirar, disfrutar y vivir con gratitud.

A partir de hoy permitiré que el dinero sea un compañero de camino al servicio de mi vida, y no la medida de mi valor.

**Fecha:** ________________________

**Firma:** ________________________

*Llegar a suficiente no es renunciar.*

*Es dejar de correr.*

# CAPÍTULO VIII

## Elegir con coherencia

***"La libertad financiera alcanza su mayor sentido cuando el dinero deja de dirigir tus decisiones y empieza a servir a tus valores".***

Hay un momento en el camino en que el dinero deja de ocupar el centro de tu vida.

No porque sobre.
No porque la vida haya dejado de presentar dificultades.
Sino porque, por fin, ha encontrado el lugar que siempre debió ocupar.

Durante muchos años aprendiste a ganar, ahorrar, proteger y cuidar aquello que fuiste construyendo con tanto esfuerzo.

Aprendiste que la prudencia también es una forma de libertad y que el futuro merece un lugar en las decisiones del presente.

Todo ese aprendizaje fue necesario.

Sin él, no habrías llegado hasta aquí.

Pero llega un momento en que la pregunta cambia.

Ya no se trata únicamente de conservar.

**Se trata de decidir.**

Porque toda construcción, tarde o temprano, termina haciéndose esta pregunta.

Decidir qué deseas hacer con aquello que has construido.

**Porque el dinero, por sí solo, no tiene un propósito.**
**Somos nosotros quienes se lo damos.**

Puede proteger.
Puede abrir oportunidades.
Puede aliviar dificultades.
Puede impulsar proyectos.
Puede crear tiempo.

O puede permanecer inmóvil, esperando un mañana que nunca termina de llegar.

La Sabiduría consiste en comprender que el patrimonio no alcanza su verdadero valor cuando se acumula, sino cuando encuentra un sentido.

Ese sentido nunca será igual para todos.

Habrá quien decida seguir haciendo crecer su patrimonio porque disfruta creando, emprendiendo y construyendo.

Otros descubrirán que la mejor recompensa consiste en recuperar parte del tiempo que durante tantos años entregaron al trabajo.

Algunos elegirán abrir oportunidades para sus hijos o sus nietos.

Habrá quien ponga sus recursos al servicio de una causa en la que cree.

Otros se atreverán a comenzar algo nuevo cuando muchos piensan que ya es demasiado tarde.

También habrá quien descubra que la inversión más valiosa consiste en cuidar su salud, estudiar aquello que siempre quiso aprender o regalarse el tiempo necesario para vivir con más calma.

Ninguna de esas decisiones es mejor que otra.

Porque la Sabiduría no señala un único camino.

Solo te ayuda a caminar con coherencia hacia el tuyo.

Después de toda una vida preguntándote cuánto necesitas, aparece una pregunta distinta.

Más serena.
Más profunda.
Quizás también más difícil de responder:

**¿Para qué quiero todo aquello que he conseguido?**

Tal vez esa sea una de las decisiones financieras más importantes de toda una vida.

Porque ya no nace del miedo.

Ni de la comparación.

Ni de la necesidad de demostrar nada.

Nace de la libertad.

## El caso de Reynaldo y la libertad de compartir

Raynaldo tenía setenta años cuando descubrió que la libertad financiera no comenzaba cuando dejabas de preocuparte por el dinero. Comenzaba cuando aprendías qué hacer con la tranquilidad que habías construido.

En realidad, era entonces cuando comenzaba una etapa completamente distinta.

Había trabajado durante toda su vida con disciplina.

Ahorró siempre que pudo.
Invirtió con prudencia.
Evitó endeudarse más de lo necesario.

Gracias a esa constancia llegó a la jubilación con una situación económica tranquila.

No era un hombre rico.

Pero hacía mucho tiempo que el dinero había dejado de ser una amenaza.

Sin embargo, seguía actuando como si cualquier decisión pudiera poner en peligro todo lo que había construido.

Pensaba dos veces antes de cambiar la nevera, aunque llevaba meses dando problemas. No era falta de recursos. Era la costumbre de seguir viviendo como si aún faltaran.

Dudaba cada vez que su esposa proponía hacer un viaje.

Incluso rechazaba pequeños planes con sus hijos porque le parecía más prudente guardar ese dinero «por si algún día hacía falta».

Un domingo, mientras observaba a sus nietos jugar en el jardín, uno de ellos se acercó y le preguntó:

—Abuelo, ¿cuándo vamos a hacer aquel viaje del que siempre hablas?

Raynaldo sonrió, pero no respondió de inmediato.

Aquella pregunta, pronunciada con la naturalidad de un niño, lo dejó en silencio.

Comprendió que llevaba años esperando un momento de seguridad que, en realidad, ya había llegado.

**Lo único que seguía detenido era él.**

Aquella noche volvió a revisar sus cuentas.

Todo estaba exactamente donde debía estar.

Sus ahorros eran suficientes.
Sus inversiones continuaban creciendo con prudencia.
Sus necesidades futuras estaban razonablemente cubiertas.

Nada había cambiado.

Salvo una cosa.

Por primera vez comprendió que el problema nunca había estado en sus números.

**Estaba en la costumbre de seguir protegiéndose de un peligro que ya no existía.**

Al día siguiente habló con su esposa.

—Creo que ya podemos hacer ese viaje.

No fue un viaje extraordinario.

No transformó su vida de un día para otro.

Pero cambió algo mucho más importante:

**Raynaldo dejó de posponer aquello que realmente deseaba por un miedo que ya no correspondía con su realidad.**

Meses después hizo aquel viaje con su familia.

También decidió ayudar a una de sus nietas con parte de sus estudios universitarios. No porque ella dependiera completamente de ese dinero, sino porque deseaba ofrecerle una oportunidad que pudiera recordar toda la vida.

Con el tiempo comenzó a colaborar con una asociación de su barrio que apoyaba a jóvenes en situación de vulnerabilidad.

Y, por primera vez en muchos años, utilizó una parte de lo que había construido sin sentir que estaba perdiendo algo.

Al contrario.

Comprendió que, cuando el dinero encuentra un propósito, deja de medirse únicamente por lo que conserva y comienza a multiplicarse de otra manera.

No porque aumente en una cuenta. Sino porque se transforma en oportunidades, recuerdos, aprendizaje y bienestar para otras personas.

Sintió que estaba dando a su patrimonio el sentido para el que había trabajado durante tantas décadas.

Entonces comprendió que la libertad financiera no consiste únicamente en conservar.

**Consiste también en decidir, con serenidad, qué lugar deseas que el dinero ocupe en tu vida.**

Porque existe una forma de riqueza que solo aparece cuando dejamos de preguntarnos cuánto tenemos y empezamos a preguntarnos qué podemos hacer con todo lo que la vida nos ha permitido construir.

## Usar lo que has construido

La historia de Raynaldo nos recuerda que llega un momento en el que el mayor riesgo ya no consiste en gastar demasiado.

Consiste en seguir aplazando la vida.

Durante muchos años aprendimos a proteger y era necesario hacerlo. Gracias a esa prudencia construimos estabilidad, afrontamos imprevistos y aprendimos a mirar el futuro con mayor serenidad.

Pero toda herramienta tiene un propósito. El ahorro no nació para convertirse en un lugar donde el dinero duerme indefinidamente. Su verdadero propósito siempre fue ofrecer tranquilidad en los momentos difíciles, crear oportunidades y darnos la libertad de elegir.

Y llega un día en el que la mayor muestra de sabiduría no consiste en seguir acumulando, sino en permitirte disfrutar con responsabilidad de aquello que tanto esfuerzo te costó construir.

No se trata de gastar por impulso.

Ni de actuar sin criterio.

Se trata de comprender que vivir también es una forma de administrar.

Usar lo que has construido puede significar reducir el ritmo de trabajo. Dedicar más tiempo a quienes amas. Realizar ese viaje que durante años quedó esperando el momento perfecto. Aprender algo nuevo. Cuidar mejor de tu salud. Compartir más con tus hijos y tus nietos, o simplemente, regalarte el privilegio de despertar cada mañana sin sentir que cada decisión necesita una justificación.

Porque la verdadera riqueza no se mide únicamente por lo que conservas.

También por todo aquello que puedes experimentar gracias a lo que has construido.

**El dinero es un medio, no un destino.**

Cuando este permanece inmóvil por miedo, deja de cumplir la misión para la que fue creado.

Porque el dinero que nunca se utiliza no siempre protege.

A veces solo prolonga las preocupaciones.

Con demasiada frecuencia, termina sobreviviendo a los sueños para los que fue ahorrado.

No permitas que eso ocurra.

Hay un tiempo para construir.

Hay un tiempo para proteger.

También hay un tiempo para vivir con la tranquilidad que ese esfuerzo hizo posible.

**Ese tiempo, muchas veces, es ahora.**

## Compartir desde la libertad

Con el tiempo aparece otro deseo, más silencioso y profundo: **compartir.**

No porque alguien lo exija.

No para demostrar generosidad.

Ni para aliviar un sentimiento de culpa.

Compartir nace de una libertad diferente: la de quien sabe que cuenta con una base firme y comprende que una parte de lo que ha construido puede convertirse en una oportunidad para otros.

Compartir puede adoptar muchas formas.

Puede ser ayudar a un hijo a comenzar un proyecto.

Contribuir a la educación de un nieto.

Apoyar una causa en la que crees.

Transmitir conocimientos, experiencia o tiempo.

Tender la mano cuando puedes hacerlo.

O estar verdaderamente presente cuando alguien te necesita.

Porque el patrimonio no siempre se transmite en forma de dinero.

Con frecuencia, los legados más valiosos llegan en forma de confianza, de ejemplo, de serenidad y de oportunidades.

**Cuando compartir deja de sentirse como una obligación, se convierte en la expresión más noble de la libertad financiera.**

Hay una riqueza que no se mide por lo que conservamos, sino por el bien que somos capaces de multiplicar con aquello que hemos recibido y construido.

Entonces comprendemos que ahorrar nunca fue el destino.

Fue el puente.

El puente hacia una vida más libre y hacia la posibilidad de mejorar también la vida de otros.

## Cuando llega el momento de confiar

Después llega otro aprendizaje.
Quizás el más difícil de todos: **confiar.**

Confiar no significa abandonar la prudencia.
Tampoco es dejar de cuidar aquello que has construido.
Significa aceptar que no todo está bajo tu control.

Que la vida nunca estuvo completamente bajo control.

Que no todas las decisiones serán perfectas.

Que no todas las inversiones crecerán de la misma manera.

Y que la incertidumbre seguirá formando parte del camino.

La paz comienza el día en que dejamos de exigirle a la vida una seguridad que jamás pudo prometernos.

Pero también comienza cuando aprendemos a confiar.

Aprendemos a confiar en la persona en la que nos hemos convertido.

En la experiencia acumulada.

En los hábitos que nos sostienen.

Y en la capacidad que hemos desarrollado para atravesar los cambios sin perder el rumbo.

Porque ya no eres la misma persona que inició este recorrido.

Ahora eres alguien que sabe navegar incluso cuando el mar deja de estar en calma.

Soltar también significa dejar de vigilar cada movimiento desde el temor.

Permitir que los hijos escriban su propia historia.

Aceptar que un legado puede orientar, pero nunca vivir por quienes lo reciben.

Comprender que el patrimonio puede organizarse, protegerse y transmitirse con inteligencia, pero jamás sustituirá las decisiones personales de cada generación.

La sabiduría no elimina la incertidumbre.

Nos enseña a caminar junto a ella sin entregarle nuestra paz.

## Elegir con coherencia

Y entonces llegamos al verdadero destino del viaje: **no la acumulación, sino la coherencia.**

A partir de este punto, cada decisión económica deja de ser únicamente un asunto financiero para **convertirse en una expresión de tus valores.**

El dinero deja de responder solo a preguntas como:

¿Cuánto puedo ganar?

¿Cuánto puedo ahorrar?

¿Cuánto puedo conservar?

Y comienza a responder a otras mucho más profundas:

¿Qué deseo cuidar?

¿Qué vida quiero sostener?

¿A quién quiero ayudar?

¿Qué experiencias merecen mi tiempo?

¿Qué huella quiero dejar?

Elegir con coherencia no significa que todas las decisiones deban ser extraordinarias.

La mayoría de las veces se manifiesta en gestos sencillos.

Aceptar una comida familiar sin mirar el reloj.

Renovar aquello que ya cumplió su ciclo.

Reducir una jornada de trabajo.

Rechazar una oportunidad rentable que te alejaría de la vida que deseas.

Apoyar un proyecto significativo.

O descubrir, con serenidad, que ya tienes suficiente.

La coherencia aparece cuando lo que haces con tus recursos refleja aquello que verdaderamente valoras.

Porque no basta con decir que la familia es importante si nunca hay tiempo para ella.

No basta con afirmar que la salud es una prioridad si siempre queda para después.

No basta con anhelar tranquilidad si cada nueva meta vuelve a llenar tu vida de tensión.

Al final, la libertad financiera no consiste en tener más.

**Consiste en que el dinero deje de dirigir tu vida y empiece, por fin, a servir aquello que da sentido a tu vida.**

Ese es, quizás, el patrimonio más valioso que una persona puede construir.

## Una pausa en el camino

Durante buena parte de la vida creemos que la libertad financiera consiste en alcanzar una cifra.

Trabajamos, ahorramos, invertimos y protegemos nuestro patrimonio con la esperanza de que, algún día, al llegar a ese número, desaparecerán las preocupaciones.

Sin embargo, el tiempo suele enseñarnos algo diferente.

La tranquilidad no nace únicamente de lo que hemos acumulado.

Nace también de la paz con la que somos capaces de utilizarlo.

Hay personas con un gran patrimonio que siguen viviendo con miedo.

Y otras, con recursos mucho más modestos, que disfrutan cada día con una serenidad admirable.

La diferencia no siempre está en la cantidad de dinero.

Está en la relación que hemos construido con él.

La verdadera libertad financiera aparece cuando el dinero deja de ser una preocupación constante y se convierte en una herramienta para vivir de acuerdo con nuestros valores.

Entonces comprendemos que invertir no consiste únicamente en obtener rentabilidad.

También consiste en invertir en nuestra salud.

En nuestro tiempo.

En nuestra familia.

En los sueños que todavía deseamos cumplir.

En las causas que merecen nuestro apoyo.

Y en las personas que continuarán el camino cuando nosotros ya no estemos.

Porque el mejor patrimonio no siempre es el que más crece.

Es el que deja más vida a su paso.

## Lleva esta luz contigo

La verdadera riqueza no consiste únicamente en tener más.

Consiste en vivir de acuerdo con aquello que realmente valoras.

Recuerda:

**Cuando el dinero ocupa el lugar que le corresponde, la vida vuelve a ocupar el suyo.**

## Da el siguiente paso

Durante los próximos siete días:

☐ Haz una lista de las riquezas de tu vida que no aparecen en ninguna cuenta bancaria.

☐ Escribe qué propósito deseas dar al patrimonio que has construido.

☐ Reflexiona sobre el legado que quieres dejar mediante tus decisiones, tu tiempo y tu ejemplo.

☐ Antes de tomar una decisión importante, pregúntate si está alineada con la vida que verdaderamente deseas vivir.

☐ Identifica una experiencia, una ayuda o una decisión que has estado posponiendo, aunque ya cuentas con los recursos necesarios para realizarla.

## ? Una pregunta para el camino

Si hoy tu dinero pudiera hablar, ¿diría que está al servicio de la vida que realmente deseas vivir?

Escríbelo.

Observa tus decisiones recientes.

Pregúntate si han nacido de tus valores o del miedo.

Si protegen lo esencial o simplemente prolongan viejas costumbres.

Porque el verdadero propósito del dinero no es ocupar el centro de tu vida.

Es ayudarte a vivirla con mayor plenitud, coherencia y libertad.

## Tu próximo remo

Durante los próximos siete días procuraré que cada decisión relacionada con mi dinero refleje también los valores con los que deseo vivir.

Reconozco que la prudencia me ha ayudado a llegar hasta aquí.

Pero comprendo que conservar no es el único propósito de lo que he construido.

La verdadera riqueza no consiste únicamente en aquello que poseo.

También vive en la forma en que elijo utilizarlo, compartirlo y convertirlo en bienestar.

A partir de hoy procuraré que mis recursos no solo protejan mi futuro.

También ayudarán a dar sentido a mi presente.

Fecha: ___________________________

Firma: ___________________________

## Palabra para el final

Si has llegado hasta aquí, quizás descubras que este libro nunca trató únicamente de dinero.

Habló de decisiones.

De paciencia.

De miedo.

De confianza.

De libertad.

Y, sobre todo, de la vida que se construye con cada una de ellas.

Los mercados seguirán cambiando.

La economía continuará atravesando ciclos.

Las circunstancias nunca dejarán de sorprendernos.

Pero hay algo que permanecerá mucho más tiempo que cualquier cifra: la persona en la que te has convertido mientras recorrías este camino.

Ese será siempre tu mayor patrimonio.

Porque nadie puede quitarte la disciplina que aprendiste.

Ni la prudencia que cultivaste.
Ni la serenidad que has desarrollado para tomar decisiones.
Ni la capacidad de volver a empezar cuando sea necesario.

Que tu dinero siga creciendo será una buena noticia. Pero que tu vida crezca junto a él será siempre la mejor inversión.

Y cuando algún día mires hacia atrás, ojalá no recuerdes únicamente cuánto lograste ahorrar. Ojalá recuerdes todo lo que pudiste vivir gracias a ello.

Ese será el verdadero éxito.

Buen viaje.

*El dinero fue el comienzo del viaje. Darle un propósito es lo que le da sentido.*

# EPÍLOGO

## El verdadero patrimonio

Tal vez, cuando abriste este libro por primera vez, pensabas que ibas a aprender a administrar mejor tu dinero.

Quizás buscabas ahorrar con mayor constancia.

Invertir con más criterio.

Sentirte más preparado para afrontar el futuro.

Y deseo, de corazón, que hayas encontrado todo eso.

Pero también espero que, al llegar hasta aquí, hayas descubierto algo mucho más valioso.

Que este libro nunca trató únicamente de dinero.

Trató de la persona que eres cuando decides mirar tu vida con mayor consciencia.

Porque el dinero ha sido solo el paisaje.

**El verdadero protagonista siempre has sido tú.**

Has sido tú quien aprendió a detenerse antes de tomar una decisión.

Quien comenzó a distinguir entre el miedo y la prudencia.

Quien descubrió que ahorrar no era privarse de vivir, sino preparar el terreno para hacerlo con mayor serenidad.

Quien comprendió que la libertad financiera no empieza en una cuenta bancaria.

Empieza en la tranquilidad con la que miramos el mañana.

A lo largo de estas páginas caminamos acompañados por tres luces.

La primera apareció cuando necesitabas creer que otro futuro era posible.

La segunda te enseñó a construir una base firme para sostener la vida con mayor calma.

Y la tercera te recordó que todo aquello que construiste solo encuentra su verdadero sentido cuando está al servicio de aquello que amas.

Quizás, al cerrar este libro, tus circunstancias no hayan cambiado por completo.

La vida seguirá trayendo momentos sencillos y momentos difíciles.

Habrá decisiones acertadas.

Y otras que, con el tiempo, se convertirán en maestros silenciosos.

Eso nunca dejará de formar parte del camino.

Lo que sí puede haber cambiado es la manera en que caminarás a partir de ahora.

Porque ya sabes que la verdadera libertad financiera no consiste en tener siempre más.

Consiste en que el dinero ocupe el lugar que le corresponde.

Ni por encima de tu paz.

Ni por encima de tus relaciones.

Ni por encima de tu tiempo.

Ni por encima de tus sueños.

Solo el lugar que le permite convertirse en una herramienta para vivir con mayor plenitud.

Con los años descubrirás que el patrimonio más importante nunca aparece reflejado en un extracto bancario.

Es la serenidad con la que duermes.

La confianza con la que afrontas la incertidumbre.

El tiempo que puedes regalar a quienes amas.

Las conversaciones que no tienen precio.

Los recuerdos que ningún mercado puede cotizar.

Y, sobre todo, la persona en la que te has convertido mientras construías todo lo demás.

Si algún día vuelves a sentir dudas —porque todos volvemos a sentirlas alguna vez—, no busques primero una respuesta.

Hazte una pregunta.

Una sola.

**¿Estoy tomando esta decisión desde el miedo… o desde el sentido?**

Quizás la respuesta no llegue inmediatamente.

Pero el simple hecho de formular esa pregunta significará que las tres luces siguen acompañándote.

Porque ya forman parte de ti.

Y ahora el camino continúa.

Habrá nuevos paisajes.

Nuevos aprendizajes.

Nuevas decisiones.

Pero ya no caminarás igual que cuando abriste la primera página.

Llevas contigo algo mucho más valioso que cualquier cifra.

Llevas criterio.

Llevas serenidad.

Llevas libertad.

Y eso es un patrimonio que nadie puede quitarte.

Gracias por permitirme acompañarte en este tramo del camino.

Confío en que, cuando mires hacia atrás dentro de algunos años, descubras que el mejor rendimiento de todas tus inversiones no estuvo únicamente en los mercados.

Estuvo en la vida que lograste construir con ellas.

Porque la verdadera riqueza nunca estuvo únicamente en el dinero.

**Siempre estuvo en la persona en la que te convertiste mientras aprendías a vivir.**

# Y entonces...

Caminarás solo.

Pero no a oscuras.

Porque las tres luces ya no están en estas páginas.

Ahora forman parte de ti.

**Buen viaje.**

*La mayor libertad no consiste en tener más, sino en poder elegir que todo lo que has construido esté al servicio de la vida que realmente deseas vivir.*

***Entonces...***

***Caminarás solo.***

***Pero no a oscuras porque las tres luces ya no están en estas páginas, ahora forman parte de ti.***

# LAS HUELLAS DEL CAMINO

## Mi brújula para el camino

**Hoy elijo caminar con Esperanza, construir con Seguridad y decidir con Sabiduría.**

**Recordaré que el dinero es una herramienta, nunca el propósito de mi vida.**

Elegiré con calma.
Ahorraré con sentido.
Compartiré cuando pueda.
Y no permitiré que el miedo decida por mí.

Cuando el camino se vuelva incierto, recordaré que no necesito recorrerlo todo hoy.

Solo necesito dar el siguiente paso.

Mi verdadera riqueza no estará únicamente en aquello que consiga acumular.

Estará en la tranquilidad con la que viva.

En las personas con quienes comparta el camino.

En el tiempo que pueda dedicar a lo que verdaderamente importa.

Y en la coherencia con la que tome mis decisiones.

**Hoy renuevo mi compromiso de vivir con Esperanza, construir con Seguridad y elegir con Sabiduría.**

Este es mi camino.

Esta es mi brújula.

# Mi Propia brújula

**Nombre:** ____________________________________

**Fecha:** _____________________________________

## Hoy elijo caminar hacia…

_______________________________________________

_______________________________________________

_______________________________________________

## Quiero recordar siempre que…

_______________________________________________

_______________________________________________

_______________________________________________

_______________________________________________

# Querido lector:

Ahora te corresponde escribir tu propia brújula.

No tiene que ser perfecta.

Tampoco necesita contener grandes promesas.

Solo debe expresar, con honestidad, quién deseas ser, qué quieres proteger y hacia dónde has decidido caminar.

Cuando termines de escribirla, guárdala en tu cartera, en tu agenda o en ese lugar donde sabes que podrás encontrarla cuando más la necesites.

Habrá días en los que el camino parecerá claro y no sentirás la necesidad de volver a ella.

Pero también llegarán momentos de duda.

Días de cansancio e instantes en los que el miedo intentará decidir por ti.

**Cuando eso ocurra, vuelve a leerla.**

**Deja que te recuerde quién decidiste ser.**

**Deja que te muestre nuevamente aquello que elegiste cuidar.**

**Deja que te ayude a reconocer el siguiente paso.**

No necesitas tener todas las respuestas. Solo necesitas recordar la dirección.

Que estas palabras sean una huella de tu compromiso, que te acompañen cuando el camino sea luminoso y que te sostengan cuando la niebla no te permita ver demasiado lejos.

Vuelve a ellas siempre que lo necesites.

**Deja que sean tu brújula.**

*Todo camino deja huellas.*

*Las que encontrarás a continuación serán las tuyas.*

*Escríbelas con la vida que deseas construir.*

# GUÍA PARA SEGUIR CAMINANDO

Si has llegado hasta aquí, has recorrido un camino de reflexión, aprendizaje y crecimiento. Has descubierto que la libertad financiera no depende únicamente de cuánto dinero ganas, sino también de las decisiones que tomas cada día, de los hábitos que eliges cultivar y de los valores que guían tu vida.

Antes de despedirnos, quiero dejarte algunas ideas que deseo que permanezcan contigo mucho después de cerrar este libro.

## Sigue aprendiendo

La educación financiera no termina con la última página de un libro. El mundo cambia, las oportunidades evolucionan y siempre habrá algo nuevo por descubrir. Mantén viva la curiosidad y nunca dejes de aprender.

## Vive por debajo de tus posibilidades

La verdadera libertad no nace de gastar más, sino de administrar con sabiduría lo que tienes. Cuando aprendes a diferenciar entre lo que necesitas y lo que simplemente deseas, comienzas a construir una vida más tranquila y sostenible.

## Ahorra con constancia

No esperes el momento perfecto para empezar. Los grandes resultados suelen ser la suma de pequeñas decisiones repetidas con disciplina. Cada cantidad que apartas hoy es un regalo para tu futuro.

## No temas pedir ayuda

Nadie recorre este camino completamente solo. Busca consejo cuando lo necesites, conversa con personas de confianza y rodéate de quienes compartan tu deseo de crecer y construir un futuro mejor.

## Celebra cada avance

No esperes alcanzar una gran meta para sentirte orgulloso. Reconoce cada deuda que eliminas, cada ahorro que consigues, cada hábito que fortaleces y cada decisión responsable que tomas. El progreso también merece ser celebrado.

## Recuerda siempre tu propósito

El dinero es una herramienta, no un destino. Su mayor valor está en permitirte vivir con mayor tranquilidad, cuidar de quienes amas, servir a los demás y construir la vida que deseas.

## Cuando el camino parezca difícil...

Habrá momentos en los que avanzar resulte más lento de lo que esperabas. No te desanimes. La libertad financiera no se alcanza de un día para otro; se construye paso a paso, decisión tras decisión. Lo importante no es la velocidad, sino la constancia.

Y, sobre todo, nunca olvides las Tres Luces.

La **Esperanza** te recordará que siempre existe la posibilidad de un nuevo comienzo.

La **Seguridad** te dará la fortaleza para construir una base firme para ti y para quienes amas.

La **Sabiduría** iluminará tus decisiones para que cada paso tenga propósito y cada meta esté en armonía con tus valores.

Mientras estas Tres Luces permanezcan encendidas en tu vida, siempre encontrarás el camino para seguir adelante.

El camino no termina aquí.

En las páginas siguientes encontrarás un espacio para convertir todo lo aprendido en acciones concretas. Porque comprender es importante, pero es la práctica constante la que transforma los sueños en realidad.

Es momento de dar el siguiente paso.

**Que las Tres Luces iluminen siempre tu camino.**

*Conocer el camino es importante.*
*Recorrerlo es lo que transforma la vida.*

# CUADERNO DE ACCIÓN

## Para Continuar el Camino

### Introducción

Si has llegado hasta aquí, quiero felicitarte.

Has recorrido un camino que comenzó con la Esperanza, avanzó hacia la Seguridad y encontró su plenitud en la Sabiduría. Cada capítulo te invitó a reflexionar sobre tu relación con el dinero y sobre las decisiones que pueden acercarte a una vida más plena, libre y equilibrada.

Pero el verdadero viaje apenas comienza.

Leer inspira.

Reflexionar transforma.

**Actuar cambia la vida.**

Este cuaderno no ha sido diseñado para enseñarte nuevos conceptos. Es el espacio donde pondrás en práctica todo lo que has aprendido y comenzarás a convertir tus decisiones en hábitos.

Aquí encontrarás herramientas sencillas para organizar tus finanzas, establecer metas, medir tu progreso y construir, paso a paso, una libertad financiera en armonía con tus valores y con el proyecto de vida que deseas alcanzar.

No importa dónde te encuentres hoy.

Lo verdaderamente importante es el siguiente paso que decidas dar.

No busques hacerlo perfecto.

Busca hacerlo con constancia y sinceridad.

Este cuaderno no será evaluado por nadie.

No existen respuestas correctas ni incorrectas.

Solo existe un compromiso:

**el que haces contigo mismo.**

Es posible que algunas de tus respuestas cambien con el tiempo.

Eso no significa que te hayas equivocado.

Significa que tú también has crecido.

Escribe sin prisa.

Vuelve a estas páginas siempre que lo necesites.

Y recuerda que una sola decisión, por pequeña que parezca, puede convertirse en el comienzo de una vida diferente.

**Que las Tres Luces continúen iluminando tu camino.**

# MI PLAN DE ACCIÓN PARA LA LIBERTAD FINANCIERA (HERRAMIENTAS)

## HERRAMIENTA 1

## Construye tu Presupuesto Personal

***"Cada dólar necesita un propósito."***

Un presupuesto es mucho más que una lista de ingresos y gastos. Es una herramienta que te ayuda a tomar decisiones con intención y a dirigir tu dinero hacia aquello que realmente es importante para ti.

Cuando elaboras un presupuesto, dejas de preguntarte al final del mes: *«¿En qué se fue mi dinero?»*. En su lugar, puedes decir con tranquilidad: *«Sé exactamente hacia dónde dirigí mis recursos y por qué lo hice.»*

Recuerda: **un presupuesto no limita tu libertad; te ayuda a protegerla.**

## Paso 1. Conoce tus ingresos

Escribe todas las fuentes de ingresos que recibes durante un mes.

| Fuente de ingresos | Cantidad mensual |
|---|---|
| Salario principal | $__________ |
| Trabajo adicional | $__________ |
| Negocio propio | $__________ |

| Fuente de ingresos | Cantidad mensual |
|---|---|
| Pensión o beneficios | $____________ |
| Inversiones | $____________ |
| Otros ingresos | $____________ |

**Total de ingresos mensuales:**
$_________________________

## Paso 2. Identifica tus gastos esenciales

Los gastos esenciales son aquellos necesarios para vivir y cumplir con tus responsabilidades.

| Gasto esencial | Cantidad mensual |
|---|---|
| Vivienda | $____________ |
| Alimentación | $____________ |
| Servicios públicos | $____________ |
| Transporte | $____________ |
| Seguros | $____________ |
| Salud | $____________ |
| Educación | $____________ |
| Otros | $____________ |

**Total de gastos esenciales:**
$_________________________

## Paso 3. Registra tus gastos personales y variables

Incluye aquí aquellos gastos que pueden variar de un mes a otro.

| **Gasto** | **Cantidad mensual** |
|---|---|
| Restaurantes | $____________ |
| Entretenimiento | $____________ |
| Compras personales | $____________ |
| Suscripciones | $____________ |
| Viajes | $____________ |
| Otros | $____________ |

**Total de gastos variables:**
$________________________

# Paso 4. Págate primero

Antes de destinar tu dinero a cualquier otro gasto, decide cuánto ahorrarás este mes.

**Mi compromiso de ahorro será:**

☐ 5 %

☐ 10 %

☐ 15 %

☐ 20 %

☐ Otro: ______ %

**Cantidad mensual destinada al ahorro:**

$_______________________

## Paso 5. Revisa tu presupuesto

Responde con sinceridad:

☐ ¿Mis ingresos cubren todos mis gastos?

☐ ¿Estoy viviendo dentro de mis posibilidades?

☐ ¿Hay gastos que puedo reducir sin afectar mi bienestar?

☐ ¿Estoy ahorrando de manera constante?

☐ ¿Mi presupuesto refleja realmente las prioridades de mi vida?

## Mi compromiso de esta semana

**La acción concreta que realizaré será:**

______________________________________________________

______________________________________________________

**Fecha de inicio:** ________________________________

**Fecha de revisión:** ________________________________

## Para recordar

**"Un presupuesto no consiste en limitar tus sueños; consiste en darles un lugar dentro de tus decisiones."**

## La Luz de la Seguridad

*"Cuando sabes hacia dónde va tu dinero, comienzas a construir la tranquilidad que te permitirá afrontar el futuro con mayor confianza.*

*La seguridad financiera no nace únicamente de la cantidad que ganas, sino de la sabiduría con la que administras lo que tienes."*

# HERRAMIENTA 2

## Diseña tu Fondo de Emergencia

***"La tranquilidad también se construye."***

Un fondo de emergencia es una reserva de dinero destinada exclusivamente a afrontar situaciones inesperadas. No está pensado para vacaciones, compras o gastos cotidianos, sino para esos momentos en los que la vida cambia de rumbo sin avisar.

Contar con este fondo te permitirá afrontar los imprevistos sin recurrir a préstamos, tarjetas de crédito o deudas que puedan comprometer tu estabilidad financiera.

Construirlo es una forma de cuidar tu presente y proteger tu futuro.

## Paso 1. Calcula tus gastos esenciales mensuales

Escribe el promedio de los gastos que necesitas cubrir cada mes.

| Gasto esencial | Cantidad mensual |
|---|---|
| Vivienda | $____________ |
| Alimentación | $____________ |
| Servicios públicos | $____________ |
| Transporte | $____________ |
| Seguros | $____________ |
| Salud | $____________ |
| Otros gastos esenciales | $____________ |

**Total de gastos esenciales:**
$______________________

# Paso 2. Define tu meta

Marca el objetivo que deseas alcanzar.

☐ Primer objetivo: $500

☐ Un mes de gastos

☐ Tres meses de gastos

☐ Seis meses de gastos

☐ Otro: ________________

**Mi meta será:**

$______________________

---

# Paso 3. Diseña tu plan de ahorro

**¿Cuánto puedes ahorrar cada mes para tu fondo de emergencia?**

$______________________

**¿Cuándo comenzarás?**

---

**¿Dónde guardarás este dinero?**

☐ Cuenta de ahorros

☐ Cuenta de ahorro de alto rendimiento

☐ Otro: ____________________

## Paso 4. Calcula cuánto tiempo necesitarás

| Concepto | Cantidad |
|---|---|
| Meta total | $_____________ |
| Ahorro mensual | $_____________ |

**Tiempo estimado para alcanzar mi meta:**

_____________ meses

## Paso 5. Identifica las emergencias reales

Este fondo solo será utilizado para situaciones verdaderamente importantes.

Marca las que aplicarían en tu caso.

☐ Pérdida de empleo

☐ Emergencia médica

☐ Reparación importante del hogar

☐ Reparación del automóvil

☐ Emergencia familiar

☐ Otro: ____________________

## Mi compromiso

**La primera cantidad que depositaré será:**

$__________________________

**Fecha:** __/__/____

---

## Mi seguimiento

| Mes | Meta | Ahorrado |
|---|---|---|
| Enero | $______ | $______ |
| Febrero | $______ | $______ |
| Marzo | $______ | $______ |
| Abril | $______ | $______ |
| Mayo | $______ | $______ |
| Junio | $______ | $______ |

# Antes de continuar…

Responde con sinceridad.

☐ ¿Me sentiría más tranquilo si hoy ocurriera una emergencia?

☐ Sí

☐ No

**¿Qué cambiará en mi vida cuando complete este fondo?**

---

---

---

## ❤ La Luz de la Seguridad

*"Cada dólar que reservas para una emergencia no representa un sacrificio, sino una promesa de tranquilidad para el futuro.*

*La seguridad financiera se construye antes de que llegue la tormenta, porque es en los días de calma cuando se preparan los mejores refugios."*

# HERRAMIENTA 3

## Elimina tus deudas

*"Cada deuda que eliminas abre un nuevo espacio para tu libertad."*

Las deudas no definen quién eres, pero sí pueden limitar las decisiones que deseas tomar.

Liberarte de ellas no significa únicamente reducir una obligación financiera.

Significa recuperar tranquilidad, ampliar tus posibilidades y avanzar con mayor confianza hacia tus metas.

El primer paso no es pagar más.

El primer paso es conocer con claridad cuál es tu situación financiera.

Cuando observas tus deudas con honestidad y objetividad, dejas de sentir que ellas controlan tu vida y comienzas a recuperar el control.

No te desanimes si el camino parece largo.

Cada pago, por pequeño que sea, representa un paso más hacia tu libertad financiera.

## Paso 1. Haz un inventario de tus deudas

Anota todas las deudas que tienes actualmente.

| Deuda | Saldo actual | Tasa de interés | Pago mínimo mensual |
|---|---|---|---|
| Tarjeta de crédito | $__________ | _____ % | $__________ |

| **Deuda** | **Saldo actual** | **Tasa de interés** | **Pago mínimo mensual** |
|---|---|---|---|
| Préstamo personal | $__________ | _____ % | $__________ |
| Préstamo del automóvil | $__________ | _____ % | $__________ |
| Préstamo estudiantil | $__________ | _____ % | $__________ |
| Hipoteca | $__________ | _____ % | $__________ |
| Otra | $__________ | _____ % | $__________ |

**Total de mis deudas**

$________________________

## Paso 2. Elige tu estrategia

Marca el método que utilizarás.

☐ **Método Bola de Nieve** (eliminar primero las deudas más pequeñas para ganar motivación)

☐ **Método Avalancha** (eliminar primero las deudas con mayor interés para ahorrar más dinero)

☐ Otro: ________________________

## Paso 3. Diseña tu plan de pago

¿Cuánto dinero adicional podrás destinar cada mes a eliminar tus deudas?

$____________________________

¿Cuándo comenzarás?

______________________________________________________________

______________________________________________________________

## Paso 4. Fija tu primera meta

La primera deuda que eliminaré será:

______________________________________________________________

Fecha estimada para liquidarla:

______________________________________________________________

______________________________________________________________

## Paso 5. Haz seguimiento de tu progreso

| Mes | Total de deuda | Cantidad pagada |
|---|---|---|
| Enero | $______ | $______ |
| Febrero | $______ | $______ |
| Marzo | $______ | $______ |
| Abril | $______ | $______ |
| Mayo | $______ | $______ |
| Junio | $______ | $______ |

## Antes de continuar…

Responde con sinceridad.

☐ ¿Conozco exactamente cuánto debo?

☐ Sí

☐ No

☐ ¿He elegido un plan realista para eliminar mis deudas?

☐ Sí

☐ No

**¿Qué cambiará en mi vida cuando elimine mis deudas?**

______________________________________________

______________________________________________

______________________________________________

______________________________________________

# Mi compromiso

La primera cantidad adicional que destinaré al pago de mis deudas será:

$___________________________

Fecha: ____ / ____ / ______

______________________________________________

______________________________________________

## ♥ La Luz de la Seguridad

*"Cada deuda que eliminas abre un nuevo espacio para tu libertad.*

*La seguridad financiera no se construye evitando la realidad, sino afrontándola con valentía, constancia y paciencia, un pago a la vez."*

# HERRAMIENTA 4

## Crea tu Plan para Eliminar tus Deudas

***"Cada deuda que eliminas abre un nuevo espacio para tu libertad."***

Las deudas no definen quién eres, pero sí pueden limitar las decisiones que deseas tomar. Liberarte de ellas no significa únicamente reducir una obligación financiera; significa recuperar tranquilidad, ampliar tus posibilidades y avanzar con mayor confianza hacia tus metas.

El primer paso no es pagar. El primer paso no es pagar más. El primer paso es conocer con claridad cuál es tu situación financiera. Cuando observas tus deudas con claridad, dejas de sentir que ellas controlan tu vida y comienzas a recuperar el control.

No te desanimes si el camino parece largo. Cada pago, por pequeño que sea, representa un paso más hacia tu libertad financiera.

## Paso 1. Haz un inventario de tus deudas

Escribe todas tus deudas actuales.

| Acreedor | Saldo | Pago mensual | Tasa de interés |
|---|---|---|---|
| | $________ | $________ | ________% |
| | $________ | $________ | ________% |
| | $________ | $________ | ________% |
| | $________ | $________ | ________% |

**Acreedor Saldo Pago mensual Tasa de interés**

$________ $________ ________%

## Paso 2. Establece tus prioridades

Marca la estrategia que seguirás.

☐ Pagar primero la deuda con la **tasa de interés más alta**.

☐ Pagar primero la **deuda más pequeña** para ganar motivación.

☐ Combinar ambas estrategias según mi situación.

Mi decisión será:

______________________________________________

______________________________________________

## Paso 3. Calcula cuánto puedes pagar adicionalmente cada mes

Pago mínimo total:

$______________________________

Cantidad adicional que destinaré cada mes
$______________________________

Pago total mensual:

$______________________________

## Paso 4. Diseña tu plan

**La primera deuda que eliminaré será:**

¿Por qué elegí comenzar con esta?

______________________________________________________

______________________________________________________

Fecha estimada para terminar de pagarla:

____ /____ /________

Marca los hábitos que pondrás en práctica.

## Paso 5. Evita crear nuevas deudas

☐ Comprar solo lo que necesito.

☐ Evitar compras impulsivas.

☐ Pagar el saldo completo de mi tarjeta cuando sea posible.

☐ Comparar antes de comprar.

☐ Ahorrar antes de financiar una compra.

☐ Revisar mis gastos cada semana.

## Mi progreso

| Deuda | Saldo inicial | Saldo actual | Meta alcanzada |
|---|---|---|---|
| | $_______ | $_______ | ☐ |
| | $_______ | $_______ | ☐ |
| | $_______ | $_______ | ☐ |

**✔ Acción completada**

Fecha: __/__/____

---

¿Qué aprendí sobre mis hábitos financieros?

---

---

¿Qué cambio comenzaré a aplicar desde hoy?

## ♥ La Luz de la Seguridad

*"Cada deuda que desaparece no solo reduce una obligación; también devuelve tranquilidad, fortalece tu confianza y amplía las oportunidades para construir el futuro que deseas.*

*La verdadera libertad financiera comienza cuando tus decisiones dejan de estar condicionadas por el peso de las deudas y empiezan a reflejar tus valores y tus metas."*

# 🏠 HERRAMIENTA 5

# Protege tu Patrimonio y a tu Familia

***"Proteger hoy es cuidar el mañana."***

Construir un patrimonio requiere tiempo, esfuerzo y disciplina. Protegerlo es una forma de honrar ese esfuerzo y de brindar tranquilidad a quienes dependen de ti.

La protección financiera no consiste en esperar que ocurra algo malo, sino en prepararte para que un imprevisto no destruya lo que has logrado construir.

Cada decisión que tomes hoy puede convertirse en un respaldo para ti y para las personas que amas.

## Paso 1. Evalúa tu protección actual

Marca los recursos de protección con los que cuentas actualmente.

☐ Seguro de salud

☐ Seguro de vida

☐ Seguro del hogar

☐ Seguro de automóvil

☐ Seguro de incapacidad

☐ Fondo de emergencia

☐ Testamento actualizado

☐ Ninguno de los anteriores

## Paso 2. Identifica las áreas que necesitas fortalecer

¿Qué aspecto requiere hoy mayor atención?

☐ Protección de mi salud.

☐ Protección de mi familia.

☐ Protección de mi vivienda.

☐ Protección de mis ingresos.

☐ Protección de mis ahorros.

☐ Otro:

______________________________

______________________________

## Paso 3. Haz un inventario de tus activos

| Activo | Valor aproximado |
| --- | --- |
| Vivienda | $____________ |

| Activo | Valor aproximado |
| --- | --- |
| Vehículo | $_____________ |
| Ahorros | $_____________ |
| Inversiones | $_____________ |
| Negocio | $_____________ |
| Otros | $_____________ |

**Valor aproximado de mi patrimonio:**

$___________________________

## Paso 4. Revisa tus documentos importantes

Marca los que tienes organizados y fácilmente accesibles.

☐ Pólizas de seguros.

☐ Documentos bancarios.

☐ Escrituras.

☐ Testamento.

☐ Beneficiarios actualizados.

☐ Contraseñas protegidas.

☐ Documentación médica importante.

# Paso 5. Diseña tu plan de protección

Durante los próximos doce meses me comprometo a:

☐ Contratar un seguro que necesito.

☐ Actualizar mis beneficiarios.

☐ Organizar mis documentos importantes.

☐ Revisar mi cobertura actual.

☐ Incrementar mi fondo de emergencia.

☐ Otro:

## Mi compromiso

**La primera acción que realizaré será:**

**Fecha de inicio:**

# Antes de continuar...

Responde con sinceridad.

☐ ¿Mi familia sabría dónde encontrar mis documentos importantes si fuera necesario?

☐ ¿Cuento con la protección suficiente para afrontar un imprevisto?

☐ ¿Qué aspecto de mi protección financiera necesita más atención?

---

---

---

## 🖤 La Luz de la Seguridad

*"Proteger tu patrimonio no significa vivir con miedo al futuro. Significa vivir con la tranquilidad de saber que has preparado un camino más seguro para ti y para quienes amas.*

*La verdadera seguridad nace cuando el esfuerzo de hoy también protege el mañana."*

# HERRAMIENTA 6

## Comienza a Invertir con Propósito

***"Invertir no consiste en adivinar el futuro; consiste en prepararte para él."***

Una vez que has aprendido a organizar tus ingresos, ahorrar con disciplina, reducir tus deudas y proteger tu patrimonio, estás listo para dar el siguiente paso: hacer que tu dinero trabaje a tu favor.

Invertir no es un juego de suerte ni una carrera para hacerse rico rápidamente. Es una decisión consciente que requiere información, paciencia y una visión de largo plazo.

No necesitas comenzar con grandes cantidades de dinero. Lo más importante es desarrollar el hábito de invertir con propósito y de acuerdo con tus objetivos personales.

## Paso 1. Define el propósito de tus inversiones

¿Por qué deseas invertir?

☐ Incrementar mi patrimonio.

☐ Preparar mi jubilación.

☐ Financiar la educación de mi familia.

☐ Generar ingresos adicionales.

☐ Alcanzar mi libertad financiera.

☐ Otro:

______________________________________________

______________________________________________

## Paso 2. Define tu horizonte de inversión

¿Cuándo crees que necesitarás este dinero?

☐ Menos de 3 años.

☐ Entre 3 y 5 años.

☐ Entre 5 y 10 años.

☐ Más de 10 años.

## Paso 3. Evalúa tu tolerancia al riesgo

Selecciona la opción que mejor describa tu forma de invertir.

☐ Prefiero la seguridad, aunque obtenga una menor rentabilidad.

☐ Estoy dispuesto(a) a aceptar pequeñas variaciones en el valor de mis inversiones.

☐ Busco un equilibrio entre crecimiento y seguridad.

☐ Acepto un mayor riesgo para buscar un crecimiento a largo plazo.

## Paso 4. Conoce las alternativas de inversión

Marca las opciones que deseas estudiar antes de invertir.

☐ Cuentas de ahorro de alto rendimiento.

☐ Certificados de depósito (CD).

☐ Fondos de inversión.

☐ Fondos indexados.

☐ Acciones.

☐ Bonos.

☐ Bienes raíces.

☐ Planes de jubilación.

☐ Otro:

______________________________________________

______________________________________________

## Paso 5. Diseña tu primer plan de inversión

**Cantidad que comenzaré a invertir cada mes:**

$______________________________

**Fecha de inicio:**

---

**Objetivo principal:**

---

---

---

## Mi compromiso

La primera acción que realizaré será:

☐ Abrir una cuenta de inversión.

☐ Consultar con un asesor financiero.

☐ Investigar diferentes alternativas.

☐ Leer un libro sobre inversiones.

☐ Comenzar con una pequeña cantidad.

☐ Otro:

---

---

## Antes de continuar...

Responde con sinceridad.

☐ ¿Comprendo los riesgos de las inversiones que elija?

☐ ¿Mi plan de inversión está alineado con mis objetivos?

☐ ¿Estoy dispuesto(a) a invertir con paciencia y disciplina?

**¿Qué conocimiento necesito adquirir antes de dar el siguiente paso?**

## La Luz de la Sabiduría

*"Invertir con sabiduría no significa buscar el camino más rápido, sino el más firme. La paciencia, la disciplina y el conocimiento suelen ofrecer mejores resultados que la prisa y la improvisación.*

*La verdadera riqueza crece cuando cada decisión refleja tus valores y tus objetivos de vida."*

# HERRAMIENTA 7

## Diseña tu Plan para la Jubilación

***"El futuro se construye con las decisiones que tomas hoy."***

La jubilación no debe verse como el final de una etapa, sino como el comienzo de una nueva forma de vivir. Prepararte con anticipación te permitirá disfrutar de esa etapa con mayor tranquilidad, independencia y libertad para dedicar tu tiempo a lo que realmente importa.

No importa la edad que tengas. Siempre es un buen momento para comenzar. Lo importante es dar el primer paso y mantener la constancia.

Recuerda que cada aporte que haces hoy representa un regalo para la persona que serás mañana.

## Paso 1. Imagina la jubilación que deseas

¿Cómo te gustaría vivir durante tu jubilación?

☐ Viajar.

☐ Compartir más tiempo con mi familia.

☐ Continuar trabajando por gusto.

☐ Desarrollar un pasatiempo.

☐ Realizar trabajo voluntario.

☐ Vivir con tranquilidad económica.

☐ Otro:

___________________________________________________________

___________________________________________________________

## Paso 2. Define tu horizonte

**Edad actual:**

_________ años

**Edad en la que deseas jubilarte:**

_________ años

**Años que faltan para esa meta:**

_________ años

## Paso 3. Estima tus necesidades

**¿Cuánto dinero consideras que necesitarás cada mes durante tu jubilación?**

$___________________________

**¿Qué ingresos esperas recibir?**

☐ Seguro Social.

☐ Plan de jubilación de mi empleo.

☐ Ahorros personales.

☐ Inversiones.

☐ Otro:

---

---

## Paso 4. Evalúa tu preparación actual

Marca la opción que mejor describa tu situación.

☐ Ya ahorro para mi jubilación.

☐ He comenzado, pero necesito aumentar mis aportaciones.

☐ Aún no he comenzado.

☐ No estoy seguro(a) de cuánto necesitaré.

## Paso 5. Diseña tu plan de acción

Durante este año me comprometo a:

☐ Abrir una cuenta para la jubilación.

☐ Aumentar mis aportaciones.

☐ Revisar mis inversiones.

☐ Consultar con un profesional financiero.

☐ Informarme sobre los beneficios disponibles.

☐ Otro:

______________________________________________

______________________________________________

## Mi compromiso

**La primera acción que realizaré será:**

______________________________________________

______________________________________________

**Fecha de inicio:**

______________________________________________

______________________________________________

# Antes de continuar...

Responde con sinceridad.

☐ ¿Estoy construyendo desde hoy la jubilación que deseo?

☐ ¿Conozco cuánto necesito ahorrar para alcanzar ese objetivo?

☐ ¿Qué hábito financiero debo fortalecer para preparar mejor mi futuro?

______________________________________________

______________________________________________

## La Luz de la Sabiduría

*"Prepararte para la jubilación no significa pensar en el final de tu vida laboral. Significa construir, desde hoy, la libertad de elegir cómo quieres vivir mañana.*

*Cada decisión responsable que tomas en el presente es una muestra de respeto y gratitud hacia la persona en la que te convertirás."*

# HERRAMIENTA 8

## Haz tu Revisión Financiera Anual

***"Toda brújula necesita comprobar el rumbo de vez en cuando."***

La libertad financiera no se construye con una sola decisión, sino con muchas decisiones tomadas a lo largo del tiempo. Por eso es importante detenerse, mirar el camino recorrido y preguntarse si todavía avanzas hacia el destino que deseas.

Una revisión financiera anual te permite reconocer tus avances, identificar áreas de mejora y ajustar el rumbo cuando sea necesario.

No se trata de buscar la perfección, sino de mantener el compromiso con tus metas.

## Paso 1. Revisa tus metas financieras

Marca las metas que te propusiste este año.

☐ Ahorrar más.

☐ Eliminar deudas.

☐ Crear mi fondo de emergencia.

☐ Comenzar a invertir.

☐ Preparar mi jubilación.

☐ Proteger mejor a mi familia.

☐ Otra:

______________________________________________

______________________________________________

## Paso 2. Evalúa tus avances

¿Cómo describirías tu progreso?

☐ Superé mis expectativas.

☐ Alcancé la mayoría de mis objetivos.

☐ Logré avances importantes.

☐ Necesito reorganizar mi plan.

☐ Necesito comenzar de nuevo.

## Paso 3. Haz un balance personal

Responde con sinceridad.

**¿Qué fue lo mejor que logré este año?**

______________________________________________

______________________________________________

**¿Qué hábito financiero fortalecí?**

______________________________________________

______________________________________________

**¿Qué necesito mejorar el próximo año?**

---

---

---

## Paso 4. Revisa tu situación financiera

Completa esta evaluación.

| Aspecto | Sí | No |
|---|---|---|
| Tengo un presupuesto actualizado. | ☐ | ☐ |
| Mi fondo de emergencia ha crecido. | ☐ | ☐ |
| Estoy ahorrando de forma constante. | ☐ | ☐ |
| Mis deudas disminuyeron. | ☐ | ☐ |
| Estoy invirtiendo para el futuro. | ☐ | ☐ |
| Revisé mis seguros y mi protección financiera. | ☐ | ☐ |
| Estoy preparando mi jubilación. | ☐ | ☐ |

## Paso 5. Diseña tu próximo año

### Mis tres prioridades financieras serán:

1. ______
2. ______
3. ______

---

### Mi compromiso

**La decisión más importante que tomaré este año será:**

**Fecha:**

# Antes de continuar...

Responde con sinceridad.

**¿Qué aprendí sobre mí durante este año?**

**¿Qué quiero agradecer?**

## La Luz de la Sabiduría

*"La verdadera libertad financiera no consiste únicamente en alcanzar una meta. Consiste en aprender a vivir con equilibrio, revisar el rumbo cuando sea necesario y seguir avanzando con serenidad y propósito.*

*Quien dedica tiempo a reflexionar sobre su camino descubre que cada paso, incluso los más difíciles, puede convertirse en una oportunidad para crecer."*

**Has llegado al final del Cuaderno...**

...pero no al final del camino.

Las herramientas que acabas de completar no cambiarán tu vida por sí solas.

Serán las decisiones que tomes cada día las que construirán la libertad financiera que deseas.

Recuerda siempre que el dinero es un medio, nunca un fin.

Que la **Esperanza** te anime a comenzar.

Que la **Seguridad** te dé la fortaleza para perseverar.

Y que la **Sabiduría** ilumine cada decisión que tomes.

**Las Tres Luces seguirán contigo.**

# *EL CAMINO CONTINÚA*

*No necesitas hacerlo todo hoy.*

*Solo dar el siguiente paso.*

*Las Tres Luces ya no están en este libro.*

***Ahora viajan contigo.***

***Buen camino.***

# Notas de la autora

Gracias por haber recorrido este camino conmigo.

Si has llegado hasta aquí, deseo que estas páginas no solo te hayan ayudado a comprender mejor el dinero, sino también a comprenderte un poco mejor a ti mismo.

Siempre he creído que la verdadera libertad financiera no depende únicamente de cuánto ganamos o cuánto acumulamos. También nace de la relación que construimos con el dinero, con nuestras decisiones y con aquello que realmente da sentido a nuestra vida.

Este libro no pretende ofrecer respuestas para todas las circunstancias. Mi intención ha sido acompañarte con una brújula, no entregarte un mapa. Cada persona recorre un camino distinto, pero todos necesitamos, en algún momento, una luz que nos ayude a avanzar con mayor claridad.

A lo largo de mi vida he tenido el privilegio de trabajar en el ámbito de la administración financiera y de acompañar a personas y familias en la toma de decisiones económicas. Esa experiencia me enseñó que, detrás de cada cifra, siempre hay una historia, un sueño, un desafío o una esperanza.

Escribí este libro con el deseo de ofrecer una guía práctica, cercana y humana para ayudarte a vivir el dinero con esperanza, construir con seguridad y elegir con sabiduría.

Si alguna de estas páginas te ha ayudado a tomar una mejor decisión, a recuperar la tranquilidad o a mirar el futuro con mayor confianza, sentiré que este libro ha cumplido su propósito.

Gracias por permitirme acompañarte durante este tramo del camino.

Te deseo serenidad para decidir, constancia para construir y esperanza para seguir avanzando.

**Buen camino.**

**Dra. María M. La Torre de Torres**

**Dra. María M. La Torre de Torres**

valledecayey@aol.com

**Edición 2026**

**Prlando, Florida**

www.ingramcontent.com/pod-product-compliance
Lightning Source LLC
LaVergne TN
LVHW051922051126
851857LV00021B/2100
*9798182733694*